儿童中医保健方式推广应用之二

深圳市科普丛书资助项目

万博士对话家长 2

跟我学小儿推拿手法

——让孩子感受不一样的治疗

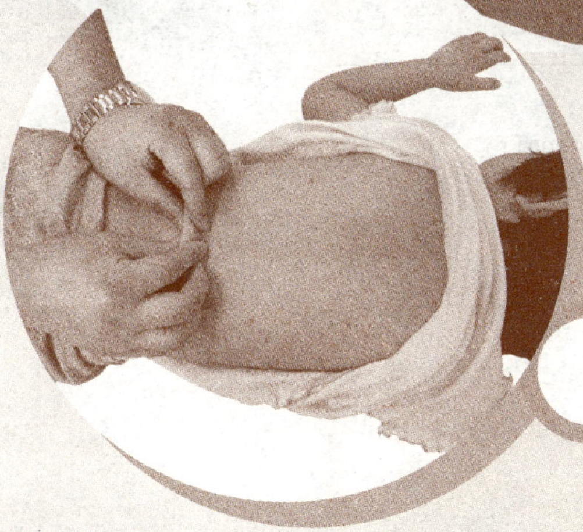

万力生　编著

人民卫生出版社

图书在版编目（CIP）数据

跟我学小儿推拿手法——让孩子感受不一样的治疗/万力生编著．—北京：人民卫生出版社，2011.5
ISBN 978-7-117-14277-9

Ⅰ．①跟…　Ⅱ．①万…　Ⅲ．①小儿疾病—按摩疗法（中医）　Ⅳ．①R244.1

中国版本图书馆CIP数据核字（2011）第048665号

门户网：www.pmph.com	出版物查询、网上书店
卫人网：www.ipmph.com	护士、医师、药师、中医师、卫生资格考试培训

跟我学小儿推拿手法

——让孩子感受不一样的治疗

编　　著：万力生
出版发行：人民卫生出版社（中继线 010－59780011）
地　　址：北京市朝阳区潘家园南里19号
邮　　编：100021
E - mail：pmph @ pmph.com
购书热线：010－67605754　010－65264830
010－59787586　010－59787592
印　　刷：北京铭成印刷有限公司
经　　销：新华书店
开　　本：710×1000　1/16　**印张**：14
字　　数：208 千字
版　　次：2011 年 5 月第 1 版　2011 年 5 月第 1 版第 1 次印刷
标准书号：ISBN 978－7－117－14277－9/R・14278
定　　价：26.00 元

打击盗版举报电话：010－59787491　E-mail：WQ @ pmph.com
（凡属印装质量问题请与本社销售中心联系退换）

出版者的话

当前，中医养生保健的红火，从收视率颇高的养生保健类电视节目中有所体现。然而，在表面红火的背后，却让人忧心忡忡。媒体宣传的很多中医养生保健方法与中医基本理论和诊疗方法脱节，有的过分夸大其效果，有的宣传甚至有猎奇、哗众取宠之嫌，误导了众多不懂中医学知识的受众，危害性很大。那么，应该如何选择有效的中医养生保健方式呢？当务之急是改变养生保健市场的混乱状态，而这需要科学的调研和正确的引导。

《儿童中医保健方式调查报告》是2010年深圳市科协重大课题，课题的设定起因于目前日益混乱的养生保健市场。项目负责人万力生教授通过广泛调研论证，从鱼龙混杂的养生保健方式中，筛选出有效的儿童中医保健方式，以帮助家长树立正确的养生保健理念，让真正有效的儿童中医保健方式走入千万家庭，渗透于儿童衣食住行的方方面面，保证儿童的健康成长。

万教授在日门诊量达百余人的繁忙医疗工作之余，不辞辛苦将《儿童中医保健方式调查报告》的成果转化为造福千万家庭的科普丛书——《谁搞垮了孩子的身体》、《胎教：开启宝宝智慧第一步》、《养护孩子要顺四时》、《哪些运动适宜孩子》、《怎样吃出健康来》、《跟我学小儿推拿手法》、《辨清体质再调理》、《小儿病三分治，七分养》。本丛书从体弱孩子的病因、胎教、顺四时、运动、饮食、经络、体质、防治8个方面，引领儿童中医保健方式的正确方向。

我们衷心欢迎关注中医养生保健的各界同仁和广大读者积极对本丛书提出宝贵意见和建议，以期更好地为儿童提供中医养生保健服务。

序 一

当前，全国儿童医院没有哪一家不是人满为患，看病难，住院更难。但是，有多少人问过为什么儿童医院会有如此多的病人？究竟谁是罪魁祸首呢？我们的家长又该如何养护自己的孩子呢？

深圳市儿童医院万力生教授独具慧眼，2010年承担了深圳市科协重大课题《儿童中医保健方式调查报告》，经过广泛调研论证，从体弱孩子的病因、胎教、顺四时、运动、饮食、经络、体质、防治8个方面，重新梳理了儿童的中医预防保健常识，形成了8项成果，即《儿童中医保健方式推广应用》丛书8个分册：《谁搞垮了孩子的身体》、《胎教：开启宝宝智慧第一步》、《养护孩子要顺四时》、《哪些运动适宜孩子》、《怎样吃出健康来》、《跟我学小儿推拿手法》、《辨清体质再调理》、《小儿病三分治，七分养》，引领儿童中医保健方式的科学方向。

万力生教授是我众多博士生中才华出众的一位，他对中医临床和中医科普同样有着不同寻常的热爱与追求。在某些中医门诊病人稀少的情况下，他却天天门诊火爆，孩子家长天不亮就来排队，日门诊量达百余人，患儿来自全国各地，令我感到十分欣慰。孔子云："后生可畏，焉知来者之不如今也？"余信也。

万力生教授不但是中医儿科临床的高手，并且勤于笔耕，已出版著作洋洋大观达80余部。他常秉灯彻夜不寐！思考，写作……研究患儿的病历，思索疑难患儿的疾病，苦求良方治难症！显著的临床疗效，使其名声远播海内外，多次被中国人民广播电台"华夏之声"、深圳卫视、深圳都市频道、深圳广播电台"先锋898"、《广州日报》、《南方都市报》、《南方日报》、深圳新闻网、《深圳商报》、《深圳特区报》、《晶报》、《深圳晚报》、《深圳卫生》、《名医》杂志、《记者观察》杂志等采访报道，并被邀请为“幸福人生大讲堂”主讲专家，为更多的孩子服务。

喜读万博士佳作，深为他在儿童科普创作中的新收获而感动。一个有成就的医生，愿意如此毫无保留地将临床经验、体会和感受与大家分享，衷心地希望孩子少生病、不生病，是多么难能可贵的情操。有理由相信，读了本丛书，您会觉得如饮甘饴，如同请到了自己理想的家庭医生。若能把书中的理念运用到您养育孩子的生活实践中，您会越来越深切地感受到它的价值。相信本丛书的出版，对于普及儿童医学科普知识，促进儿童健康成长，将会有很大的帮助，故欣然作序，将其推荐给家长朋友。希望本丛书成为您家庭的案头书、保障您孩子健康成长不可或缺的指导书。

世界中医药学会联合会儿科专业委员会会长
中华中医药学会儿科分会名誉主任委员　**汪受传**
南京中医药大学博士生导师
2010年7月于南京

序二

儿童是祖国的未来、民族的希望。保障儿童的身心健康，关系到家庭的幸福、国家和民族的未来。拜读了《儿童中医保健方式推广应用》丛书，欣喜异常。本丛书是2010年深圳市科协重大课题成果，从体弱孩子的病因、胎教、顺四时、运动、饮食、经络、体质、防治8个方面，重新梳理了儿童中医的预防保健常识，形成了8项成果。

成果之一《谁搞垮了孩子的身体》一书，从深层次揭示了孩子爱生病的“十大原因”。成果之二《跟我学小儿推拿手法》一书，教会家长通过自己的双手在孩子体表部位施行手法，达到防病治病的目的，使家长随时随地可以给孩子保健。成果之三《怎样吃出健康来》一书，告诉家长饮食营养关系到孩子一生的健康，教会家长怎样让孩子吃出健康来。成果之四《辨清体质再调理》一书，告诉家长孩子是什么体质，只有辨清孩子的体质，因势利导，才能将孩子的体质调理到最佳状态。成果之五《养护孩子要顺四时》一书，教会家长如何顺应四时“春温、夏热、秋凉、冬寒”的自然规律，让孩子养成“春生、夏长、秋收、冬藏”的保健习惯。成果之六《哪些运动适宜孩子》一书，告诉家长从孩子能够走路开始，为孩子安排一些适宜的运动项目，这样既健身又健脑；相反，不适宜的运动既不利于身体发育，还会造成运动损伤。成果之七《胎教：开启宝宝智慧第一步》一书，告诉家长胎教对促进宝宝智商的提高至关重要，能使未出生的宝宝优生、优形、聪慧。成果之八《小儿病三分治，七分养》一书，告诉家长小儿疾病要三分治，七分养。治，就是用药物截住病因，不要让其泛滥成灾；养，包括两方面，一是自我预防，二是不用药物而将病体养好。

《儿童中医保健方式推广应用》丛书，是深圳市文明办、深圳市关爱办、深圳市卫生和人口计生委、深圳市教育局、深圳市文体旅游局、深圳报业集团、深圳广电集团、深圳出版发行集团、中华中医药学会等共同主办的深圳“幸福人生大讲堂”的主讲内容。本丛书作者万力生教授，是深圳市儿童医院学科带头人。他经过十余年医学本科、硕士、博士的寒窗苦读，既有着深厚的理论积淀，又经过长期临床实践的磨砺，积累了丰富的儿科临床经验，是中医儿科的后起之秀。他的这套丛书，体现了爱心与责任，充满着智慧和经验。部头不大，读来却别有洞天，科学性、可读性和实用性兼备，可成为帮助孩子健康成长的良师益友，相信家长、教师和儿童工作者一定会开卷有益。因此，这套丛书是值得推荐给广大读者的，它将引领儿童中医保健方式的正确方向。

值本丛书付梓之际，有感而发，写此为序。

中华中医药学会科普分会主任委员　**温长路**

2010 年 7 月于北京

前言

试问中国的儿童医院哪一家不是人满为患？哪怕是深夜，照样有家长抱着孩子不断涌入，输液室更是人声、哭声鼎沸。有多少人问过为什么儿童医院会有如此多的病人？我在《谁搞垮了孩子的身体》一书中已详尽说明。现在说一说医院里的孩子都有个统一的病——体虚。究其病因，首先是养育、调护失偏，过于溺爱，吃得太饱、穿得过暖，背离了自然的生长发育规律。其实，历代中医儿科医家已有总结："要得小儿安，需得三分饥和寒。"其次就是药害，如抗生素、激素应用过多等。本来可通过中药就能解决的小病，非去大医院输抗生素。很多孩子体弱就是滥用抗生素、激素的后果，几乎损坏了儿童的身体健康，再加上失治、误治，以及各种药物的毒副作用，使很多儿童发病率增高，体质日趋下降。

现在，很多家长已经知道应该慎用抗生素，却还在依赖抗生素。其实，也有很多医生担心抗生素的不良反应，来找我为他们的孩子或朋友的孩子看病，选择服用中药和接受小儿推拿。我在《谁搞垮了孩子的身体》一书中提到，滥用抗生素，孩子是最大受害者。如果明知不对，还继续使用，其危害是可想而知的。

不愿意使用抗生素治病，该怎么办？其实，古人早有小儿推拿和中药，可惜今人只认抗生素。小儿推拿——一种简便、易学、有效的治疗方法，是家长梦寐以求的，可惜当今之父母不留意这些，孩子一病就往医院送。等到了医院，选择打针吧，孩子又怕痛；选择吃药吧，孩子觉得难吃，不能很好地配合。

了解了小儿推拿，你就会牢牢抓住它。小儿推拿不仅能为您的孩子排忧解难，而且不像打针、吃药那样产生不良反应及抗药耐药。它是一种非常安全的治疗方法，只要诊断正确，辨证准确，选用穴位和手法恰当，对于小儿常见病、多发病就能达到显著的疗效，对于体弱多病的孩子还可以起到保健防病作用。

作为中医学宝库中一颗璀璨的明珠，小儿推拿正日益受到社会重视和家长的青睐。它是一种非药物、无痛苦、易接受且有效的自然疗法，非常适合在家庭中推广应用。

深圳市儿童医院学科带头人　**万力生**

2011年2月

目录

第一讲

掌握小儿推拿的特点

第二讲

说清小儿推拿的补与泻

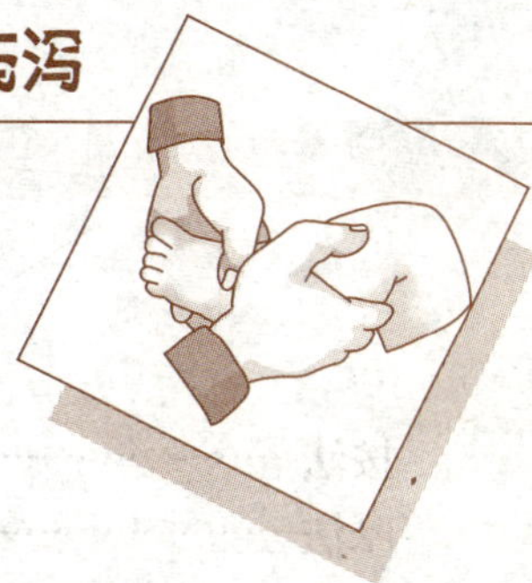

第三讲

小儿推拿介质的选择

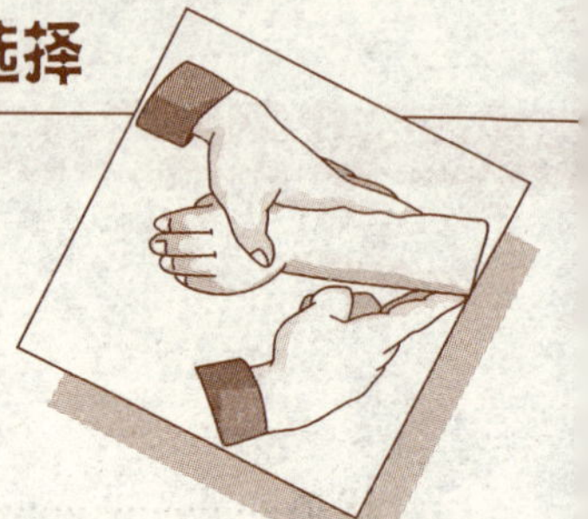

第四讲

家长必须掌握的十大基本手法

第五讲

家长必须掌握的十大复式手法

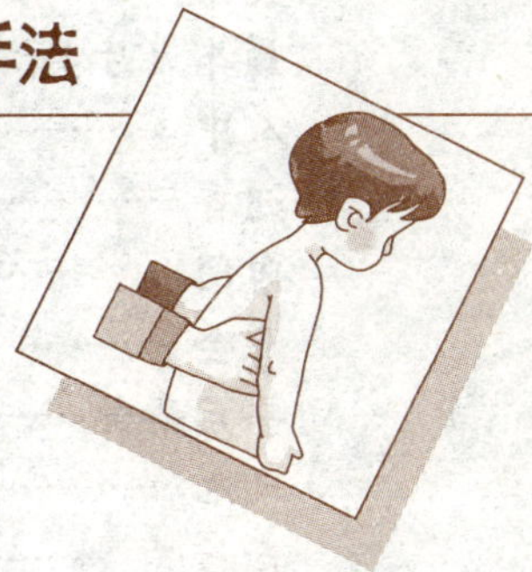

第六讲

家长必须掌握的小儿推拿穴位

第七讲

了解小儿生理、病理特点，有助于辨证取穴

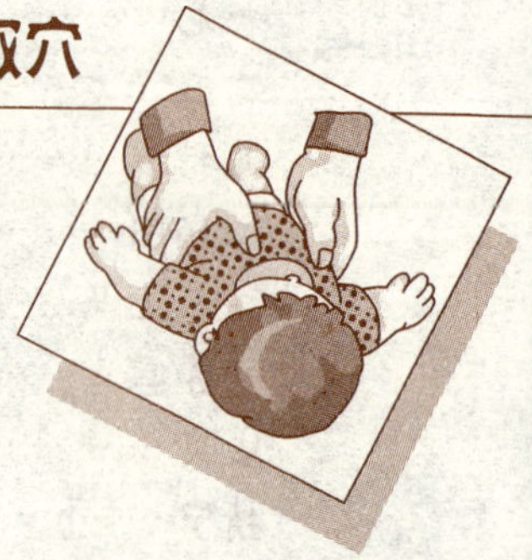

第八讲

巧用小儿推拿，治疗小儿常见病症

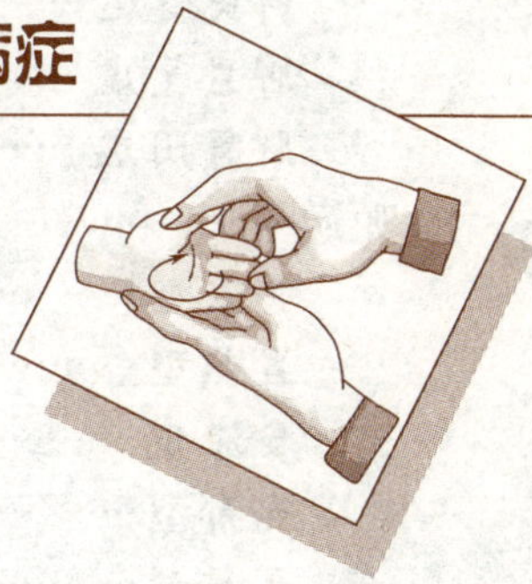

第九讲

勤练推拿保健操，孩子更健康

附录一

小儿推拿的形成

附录二

小儿推拿传世歌赋精选

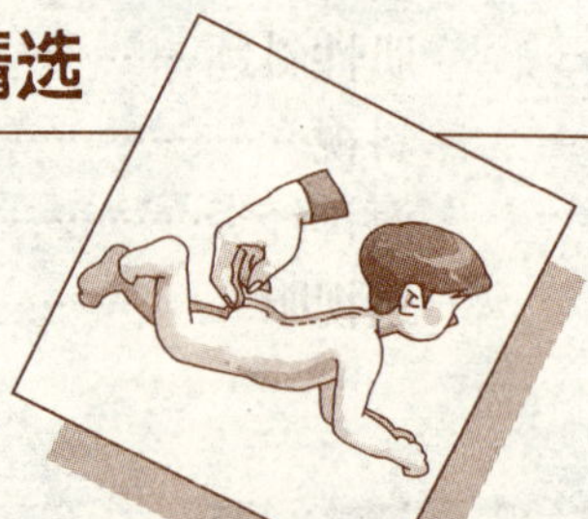

第一讲

掌握小儿推拿的特点

小儿推拿临床疗效显著，优势明显，因不打针、不服药，深受孩子喜爱。对于初学小儿推拿者，有两个难点：一是辨证，二是推拿手法的掌握。还有，小儿推拿手法特点、适应证、禁忌证、处方、注意事项等，与成人推拿大多不同。

优　　势

◇**简单易学，方便易行**　小儿推拿操作简单，易学易懂，只要按照要求，遵循它的规律，几次操作练习就可以掌握基本的方法。

小儿推拿不需要任何器械、药品及医疗设备，只是依靠家长的双手在小儿体表部位施行手法，就可以达到防治疾病的目的。它不受医疗条件的限制，随时随地都可以实施。这样不仅应用方便，而且节省费用。

◇**见效快、疗效高**　临床实践证明，小儿推拿对小儿常见病、多发病都有较好的疗效，尤其对于消化道疾病效果更佳。对许多慢性病、疑难病也有比较好的疗效。

◇**安全稳当、不易反弹**　只要对疾病诊断正确，依照小儿推拿的操作方法合理进行施治，一般不会出现危险或不安全问题。应用推拿疗法治疗疾病，不会出现反弹及任何并发症。

◇**没有毒副作用，利于疾病康复** 小儿推拿是一种单纯的手工理疗手法，治疗中避免了某些药物的不良反应或毒性反应，同时也纠正了药物因剂量不适而对患儿身体所引起的不良反应或危害，是一种有利无害的治疗方法，完全符合当今医学界推崇的“无创伤医学”和“自然疗法”的要求。

◇**治病去根，不易复发** 慢性病复发的根本原因在于疾病所涉及的脏腑或气血功能下降。小儿推拿疗法根据中医基本理论，对于易反复发作的慢性病，都可以针对病因，通过手法施术，加强气血循环，恢复脏腑功能，所以能达到治病去根的目的；对于急性病，本来其机体功能就没有多大损伤，又加之推拿过程注意了功能的调治，更不会遗留病根；反复发作的病症，可因体质的调补减少再发机会。对于身体虚弱儿，不仅可以治愈已发疾病，同时也提高了免疫功能。

◇**不受痛苦，易于接受** 应用小儿推拿疗法，小儿不会有任何痛苦感，甚至感到是一种享受，能够消除小儿在疾病治疗过程中的恐惧心理。

◇**预防保健，适于家庭** 小儿推拿除了有良好的治疗效果外，还有非常好的保健功能。经常运用小儿推拿，可以增强小儿体质、提高小儿的抗病能力，非常适用于家庭。

功　效

小儿推拿的作用可以概括为：平衡阴阳、调和脏腑、疏通经络、行气活血、扶正祛邪。具体表现为：

◇**提高小儿机体各项功能** 穴位是经络上的最重要点，通过刺激穴位，就可以起到调整经络气血、阴阳平衡的作用。正气自然充足，正气存内，则邪不可干，也就是抵抗力增强，得病的机会相应减少。大量的临床实践证明，小儿推拿确有增强免疫功能的作用，同时，还可以保证小儿气血充盈、发育正常等。

◇**缓解、解除小儿病痛** 如果小儿有病，推拿其身体的某一部位，通过经络的联系，使其体内相应脏腑产生相应的生理变化，从而起到治疗疾病的作用。小儿推拿治疗范围很广，对发热、抽搐、感冒、咳嗽、哮喘、鼻炎、头痛、流涎、厌食、呃逆、呕吐、腹胀、腹痛、腹泻、便秘、疳积、脱肛、遗尿症、尿频、夜啼、婴幼儿湿疹、肌性斜颈、斜视、面神经炎、近视眼等多种常见病有良好的治疗作用。

特　点

◇小儿推拿手法种类较多，其中有的手法名称与成人手法相同，但动作姿势却不一样，如推法；也有的手法只用于小儿，成人则几乎不用，如运法。小儿推拿单一手法归纳为按、摩、掐、揉、推、捏、摇、拿、运、捣10种，复式手法归纳为黄蜂入洞、摇抖肘法、运土入水、运水入土、水底捞月、打马过天河、开璇玑法、按弦搓摩、揉脐及龟尾并擦七节骨、按摇肩井10种。这些手法主要适用于5岁以下小儿，婴幼儿尤为适宜。5岁以上小儿适当配合成人手法进行治疗。

◇小儿推拿手法通常与穴位或部位紧密结合在一起，如推三关、摩腹、捏脊等，而且强调手法的补泻作用，如补脾经、清肝火等。

◇小儿推拿手法着重轻快柔和，平稳着实，以适达病所而止，不可竭力攻伐，尤其对新生儿，手法更要轻柔。“轻快”是指手法应轻柔流动，不滞不涩；“柔和”是指手法应尽量顺应小儿肌肤的生理特点，切忌粗暴刚猛；“平稳”要求手法力量的增减、频率的快慢转换以及手法之间的变化在不知不觉中进行，切忌忽快忽慢、忽轻忽重；“着实”是指手法操作中任由小儿扭动哭闹，手法如磁铁一般始终保持应有的层次深度。总之，小儿推拿手法要求轻而不浮，快而不乱，柔中有刚，平稳变换，实而不滞，运用自如。

◇小儿推拿手法在操作时，常选用一些介质，如姜汁、薄荷水、滑石粉、水等，以润滑皮肤，增强手法的治疗作用。

◇手法操作按顺序进行，一般是先头面，次上肢，再胸腹部和腰背部，最后下肢部；另外根据病情，轻手法先操作，重手法后操作；也可先重点，后一般；或先主穴，后配穴。“拿、掐、捏、捣”等强刺激手法，除急救以外，一般放在最后操作，以免小儿哭闹不安，影响治疗的进行。小儿推拿中，上肢的穴位一般不论男女，均推拿左手。选用下肢的穴位治疗时，需双侧均操作。

◇ 手法操作时间的长短，应根据病情、体质而定，因病因人而异。在临床实践中，推法、揉法运用较多，做摩法用的时间较长。运用掐法、按法时，手法要重、少、快。

◇ 手法操作特别强调补泻作用。凡力量小、刺激弱、轻快柔和的手法谓之补法；反之，力量大、刺激强的手法谓之泻法。按法、掐法是刺激性较强的手法，多有醒神、开窍、通经、止痛的作用，可称泻法；而揉法、运法、摩法、推法等较为柔和，这些手法有补益身体、扶助正气的作用，可称补法。

在特定穴位上按操作方向来决定补泻性质，如补脾经，在拇指末节螺纹面做旋推法；清肝经，由指端向指根方向直推为泻法。有些非特定穴在经络路线上，如中脘穴、三阴交穴等，它们共同的补泻规律是顺经络循行方向推为补法，逆经络走行方向推为泻法，来回顺逆方向推为平补平泻。旋转方向的操作，一般认为顺时针方向旋为泻法，逆时针方向旋为补法。

对相对年龄大、体质强、病属实证的患儿，手法操作次数较多，频率较快；对年龄小、体质弱、病属虚证的患儿则相对次数少，频率较慢。目前临床上一般认为1岁左右的孩子，使用推、揉、摩、运等较柔和的手法操作，一个穴位300次左右（或2分钟左右）；掐、拿、捏等重手法只需几次即可。

◇ 推拿治疗小儿疾病，必须严格按照中医辨证施治原则，来运用手法和选取穴位。小儿推拿即用药，中病即止。平常无病一般不要推拿，最多捏一捏脊，做一下推拿保健操。

◇ 小儿推拿没有效果的原因分析，一是推拿处方辨证不准确，二是推拿手法不到位，三是推拿介质选择不当。怎样才算推拿手法到位呢？每个人的手法有轻有重，可以说是基本改变不了，而能使推拿手法到位的改变就是推拿时间了。当发现推拿没有效果时，也许适当延长推拿时间，就会发现推拿有效了。中药治病的秘诀在于剂量，小儿推拿秘诀也在于推拿时间。很多有关小儿推拿的书籍只写了推拿穴位，没有写推拿时间，这使得很多初学者不明白推拿没效果的原因。三字经推拿，推拿时间就较长，所以能取得好的效果。因此，当辨证准确，在推拿手法到位的情况下，如果推拿效果不好，就请适当延长推拿时间。

◇小儿推拿与药物的关系是家长很关心的问题，我建议使用小儿推拿配合食疗最好，但对于初学者，或者孩子疾病较重时，也可使用药物治疗。在使用药物时，服药的时间最好与小儿推拿的时间分开，两者最好间隔2小时以上。使用中草药时，一定要辨证，如寒证不宜用寒凉药，热证不宜用温热药。

适应证

◇**对象** 小儿推拿疗法适用的对象一般是6个月以上、5岁以下的小儿，尤其适用于半岁至3岁的婴幼儿。5岁以上的孩子也可以应用此法，但因为随着年龄的增长，机体对按摩的感知力下降，所以疗程相对要长一些。

◇**治疗范围** 小儿推拿的治疗范围广泛，可治发热、抽搐、感冒、咳嗽、哮喘、鼻炎、头痛、流涎、厌食、呃逆、呕吐、腹胀、腹痛、腹泻、便秘、疳积、脱肛、遗尿症、尿频、夜啼、婴幼儿湿疹、肌性斜颈、斜视、面神经炎、近视眼等。

禁忌证

孩子患有以下病症不适宜采用小儿推拿疗法：

◇天花、胎毒及一切疮疡疾患。

◇由结核杆菌引起的疾患。

◇癌症。

◇脓毒血症。

◇正在出血的局部。

◇骨折、脱位及扭伤等病症的急性期。

◇急性传染病的传染期。

◇传染性及溃疡性皮肤病。

◇烫伤局部。

◇危重病症一定在抢救脱离危险期后，方可配合推拿治疗。

在推拿的适应证治疗中，同样要注意手法力度、方向，应用不当也会出现危险，所以要求操作者熟悉解剖及病理知识，熟练掌握推拿手法，才能既保证疗效又保证安全。

处　方

推拿即用药，推拿处方和中药处方的组成是一样的，不是将类似的手法和作用相近的穴位，简单地加在一起，而是根据病情需要，在辨证基础上，按照“君、臣、佐、使”的处方原则，选择适当的手法和穴位组合而成。就是选定起主要治疗作用的手法和穴位，再加上协助主穴起辅助治疗作用的手法和穴位组合成推拿处方。其表示方法是将手法、穴位、手法的补泻、操作的次数和时间结合在一起，如补脾经300次、摩腹5分钟，等等。

注意事项

◇室温适宜。室温过高，小儿治疗部位和术者的手部易于出汗，影响手法操作；室温过低，则易使患儿受到寒凉的刺激。

◇保持手部温暖清洁。指甲要常修剪，刚剪过的指甲，一定要用指甲锉锉平，以免刺破小儿皮肤，影响治疗。

◇推拿时精力要集中，手法要适度。开始手法不宜过重，应轻快柔和、平稳着实、由浅入深，以便使孩子逐步适应。态度要和蔼可亲，争取患儿的积极配合，防止其产生恐惧心理，影响下一步治疗。

◇选择体位，以便于手法操作和使孩子舒适为原则。一般3岁以下小儿可由别人抱着推拿，3岁以上小儿可单独采取坐位、仰卧位、俯卧位或侧卧位等。

◇小儿过饥或过饱，均不利于推拿疗效的发挥。在小儿哭闹之时，要先安抚好小儿的情绪，再进行推拿。

◇家庭推拿一般可使用按摩油或爽身粉等介质，以防推拿时皮肤破损。

◇每次给孩子推拿最好只针对一个疾病，如果保健和治疗目的太多、推拿的穴位太杂，会影响最终效果。

◇小儿推拿通常每天睡前推拿1次，重症患儿可酌情增加推拿次数，1周为1个疗程。如进行两三个疗程，未见一点效果者，应到医院就诊，以免贻误治疗时机。

◇小儿推拿治疗前，必须有明确的诊断。如果家长不能肯定，请先送医院就诊！

第二讲

说清小儿推拿的补与泻

小儿推拿补泻，是家长据孩子病症的虚实，在其经络穴位上运用推拿手法的补与泻，达到补虚泻实、治愈疾病的目的。

现存古书记载小儿补泻手法虽流派众多，操作手法不同，但这些补泻手法都是前人的临床经验总结，有的在临床上有着很大的应用价值，而有些观点则有待于进一步研究。我们不能片面地否定前人的观点，也不能不加选择地原样照搬，而应在前人经验的基础上进行临床验证，取其精华，去其糟粕，选择出一些临床疗效好而具有普遍指导意义的补泻方法。

方向补泻法

手法方向补泻，在患儿特定穴尤其是手部、腹部穴中最为常用。

◆ 向心为补，离心为泻

在穴位上做向心性方向直推为补；离心性方向直推为泻。

——《推拿三字经》曰："内推补，外泻详。"

——张汉臣《小儿推拿学概要》曰："推法中分补（由指尖向指根推）、泻（由指根向指尖推）……因其方向不同，故作用亦异。"

现实临床上，向心为补，离心为泻，只有少数手法以此为据，如推上三关为补，退下六腑为泻，而推五经则不以此为据。

◆ 旋推为补，直推为泻

推五经（脾经、肝经、心经、肺经、肾经）等穴，用旋推为补，直推为清。

——《按摩经》曰："曲指左转为补，直推之为清。"

——《幼科铁镜》曰："于指正面旋推为补，直推至指甲为泻。"

现实临床上，五指螺纹面的脾经、肝经、心经、肺经、肾经等穴，用旋推为补，直推为清。

◇旋推　为补法。以大拇指螺纹面在小儿手指螺纹面做顺时针方向推动，推动1圈为推1次，须连续而快速地推动。旋推法有温阳补虚的作用，用于虚证。

◇直推　为泻法（或清法），以大拇指螺纹面从小儿手指螺纹面向指根方向做直线推动（不是从指根向指尖做直线推动），须连续而快速地推动，从指根退回螺纹面时不用力。直推法有清热泻实的作用，用于实证。

推拿五经时，刘开运十分重视要遵循五行生克的关系，以及小儿五脏的生理特性、病理特点和五脏病候的虚实，提出：脾宜补不宜清，清后应加补；肝经、心经宜清不宜补，若用补法，补后要加清法；肺经既可用清法，也可用补法；肾经宜补不宜清。

◇脾宜补不宜清，清后应加补　脾为后天之本，气血生化之源。脾气虚，旋推脾经有补脾气、助脾运化的作用。脾虚证，当然应予旋推补脾。直接清脾经有泻实清热之效，但脾乃阴土，阳常不足，故如寒湿困脾、宿食停滞等无热象的实证，是绝对不能直接清脾泻实的；即使是脾胃湿热、大肠湿热等有明显热象的实证，直接清脾之后，亦应加旋推补脾以调之。这是由小儿脏腑娇嫩、脾胃最易受损的病理特点决定的。

◇清脾、补脾必清肝　脾与肝关系密切，脾虚恐肝木乘脾，故补脾必清肝；脾实则土壅木郁，故清脾亦当清肝。

◇肝只清不补　肝为刚脏，体阴用阳，病理现象多呈现阳常有余、阴常不足的特点。直推清肝能泻火清热、疏肝解郁、镇肝潜阳、凉肝息风，而旋推肝经，性偏温补，有助火焚木、劫阴动风之虞，故肝经只可直推清泻，

不可旋推温补。若遇肝血不足、肝阴亏虚之证，确
精血互补的原理，以旋推小指“补肾经”代之。

◇心只清不补　心属火，阳热炽盛。旋推中指
则能清心火、开心窍、宁心神。临床心病虽有气、血
热陷心包、热（火）扰心神、痰迷心窍、瘀阻心脉等实 指）
却只能直推，而不能旋推，即使是心气虚、心血虚，甚至是心阳不足的病症，旋推补心后常出现患儿烦躁啼哭、夜寐不宁等现象，所以旋推补心临床很少用。若须补心，常以旋推脾经代之。若非用旋推补心不可，亦宜旋推之后再加直推以调之，单纯补心易动火。

◇肺可清可补　肺为娇脏，不耐寒热，易虚易实，故肺经可直推，亦可旋推。直推肺经有宣降肺气、清泻肺热、祛痰化饮等效应；旋推肺经有益气、固表、敛肺等作用。

◇清肺补肺均须清心　肺与心同居胸中，两者之间有“所胜”、“所不胜”的关系，肺虚则火乘，故补肺须清心；而肺有实热常易逆传心包，故清肺亦须清心，如此则心火不亢，肺金得宁。

◇肾只补不清　肾为先天之本，小儿形气未定，肾阴、肾阳、肾精、肾气都有待充实发展，故有“肾无实证”之说。所以肾经只宜旋推，不宜直推。旋推补肾的具体作用，取决于机体阴阳精气的虚衰状况，若肾阴虚而有虚热者，可加用小指尺侧缘的直推法以清之。

◆ 以顺为补，以逆为泻

以顺为补，以逆为泻有两种情况：

◇一种情况　是指顺经为补，逆经为泻。

手法顺（随）其经脉走行方向操作为补法；逆（迎）其经脉走行方向操作为泻法。

——《灵枢·终始》曰：“泻者迎之，补者随之……”

——元代滑寿《难经本义》曰：“迎随之法，补泻之道也。迎者，迎而夺之；随者，随而济之。”意指顺经操作为补法，逆经为泻法。

——《幼科推拿秘书》曰：“推肚脐须蘸汤往小腹下推，则泻；由小腹

，则补。”盖足三阴从足走腹，往小腹下推则逆其经脉，故为泻法，
之为补法。

现实临床中，脊部穴位顺其经脉（督脉）由下而上捏之为补，如捏脊，主治小儿疳积、厌食、消化不良、脾胃虚弱等病症；逆其经脉由上而下推之为泻，如推大椎，主治发热感冒等实证。七节骨（督脉）顺推能温阳止泻为补，逆推能泻热通便为泻。

◇另一种情况　是指顺时针方向为补，逆时针方向为泻。

——《幼科推拿秘书》曰：“左转补兮右转泄。”

现实临床上，不以此说为据。在小儿腹部穴位（如摩腹、揉脐）操作时，腹泻用逆摩为补，便秘用顺摩为泻。现代解剖学研究表明：逆摩腹，逆结肠蠕动方向能健脾止泻，故为补法；顺摩腹，顺结肠蠕动方向，能消食通大便，故为泻法。

◆ 向里为补，向外为泻

使用推法和摇法时，向里为补，向外为泻。

——《小儿推拿广意》曰：“运太阳，往耳转为泻，往眼转为补。”

——《小儿推拿秘诀》曰：“寒证往里摇，热证往外摇。”

现实临床上不以此说为据。

◆ 左右来回，平补平泻

手法平补平泻，指家长以手法在患儿穴位上来回推，或左右各推揉半数。

——《实用小儿推拿》曰：“左右顺逆转揉之为平补平泻。”

——《推拿三字经》曰：“若泻肚，推大肠……来往忙。”

现实临床中，腹胀、食欲不振之虚实不甚明显时，常用摩法于腹部，左右各摩100次，常获满意疗效。

快慢补泻法

手法的快慢，指运用手法在患儿穴位上操作的速度，即频率。一般认为：

快疾者为泻，缓慢者为补。如直推较快，旋推较慢；指摩较快，掌摩较慢。

——《厘正按摩要术》曰："急摩为泻，缓摩为补。"

——《幼科推拿秘书》曰："急摩为泻，缓摩为补。"

现实临床上，推三关、揉外劳宫等，用快而有力的手法为泻，重在发散外邪，用于风寒表证；用慢而轻柔的手法为补，重在温阳益气，用于虚证。

现代医学研究表明：快而有力的手法作用于穴位局部，能加快血液、淋巴循环，起活血化瘀作用，使"瘀血"、"水肿"迅速消散；慢而柔和的手法，有兴奋生理、强壮身体的作用，故前者为泻，后者为补。

次数补泻法

手法的次数，指运用手法在穴位上操作次数的多少，是衡量手法补泻的有效治疗量。适当的次数能使疾病很快痊愈，若次数少则起不到治疗作用；次数过多则无益甚至有害。一般而言：儿小、体弱、证虚者，手法次数宜少，为补法；儿大、体弱、证虚者，手法次数宜少，为泻法。

——《推拿三字经》曰："大三万，小三千，婴三百，加减良。"

——《保赤推拿法》曰："儿之大者，病之重得，用几千次，少则几百次。"

现实临床上，手法次数的多寡，应据患儿年龄大小、病症虚实灵活掌握：如年长儿寒中脾胃出现实寒呕吐时，应首选降逆止呕、温散风寒的天柱骨穴，可单推此穴上千次，即有止呕吐作用；如婴幼儿脾胃虚寒呕吐者，可用推天柱骨配合补脾经、摩中脘各100 ~ 200次，捏脊3 ~ 5遍，即可痊愈。

轻重补泻法

手法轻重，指在穴位上操作时用力的大小。轻手法为补，重手法为泻，具体运用时应根据患儿年龄大小、寒热虚实、标本缓急灵活掌握。

——《幼科推拿秘书》曰："标本缓急重与轻，虚实参乎病症，初生轻描点穴，二三用力方凭，五七十岁推渐深，医家次弟审明。”

现实临床上，婴幼儿脾虚腹泻，用补脾经、补大肠、摩腹（补）、推上七节骨各200次，捏脊3～5遍，每日1次，手法轻揉，一般3天内即愈。若年长儿湿热腹泻，暴注下迫，色黄热臭，小便黄赤，脉数，指纹紫者，可选清脾经、清胃经、清大肠、摩腹（泻）、推下七节骨、清小肠等穴，每日1次，手法宜重，泻湿热而腹泻止。

补泻法则在临床运用时，应依据患儿的病症虚实综合运用，以达补虚泻实的目的。若补泻不明，就会犯“虚虚实实”之戒。正如《灵枢•邪气脏腑病形》所言：“补泻反，则病益笃。”夏禹铸《幼科铁镜》曰：“推拿揉掐，性与药同，用推即是用药，不明何可乱推……病知表里虚实，推后重症能生，不谙推拿揉陷，乱用便添一死。”这充分说明了小儿推拿手法补泻在临床上的重要性。

小儿推拿补泻的作用并非一成不变，具有相对性、灵活性，且受多种因素的影响。如同一手法，同一强度、频率、方向，反因对象差异（或为实体差异，或为时间差异等）而体现的补泻作用截然不同。这就要求推拿医师或家长灵活对待处理。

第 三 讲

小儿推拿介质的选择

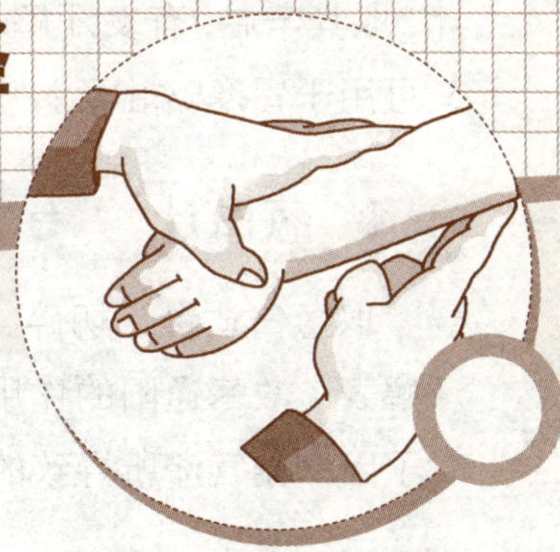

小儿推拿时，一定要使用介质，这是因为，一方面可减轻摩擦，避免推破皮肤，另一方面可提高治疗效果。

常用的介质

◆ 滑石粉

即医用滑石粉。有润滑皮肤的作用，一般在夏季常用，适用于各种病症，是临床上最常用的一种介质，在小儿推拿中运用最多。

◆ 爽身粉

即市售爽身粉。有润滑皮肤、吸水的作用，质量较好的爽身粉可代替滑石粉应用。

在使用滑石粉和爽身粉时，应注意不要把滑石粉和爽身粉弄到孩子的眼睛中，因推拿的大部分穴位在手指上，孩子很容易用手揉眼睛。推拿时，应是家长的手蘸滑石粉和爽身粉，而不是将滑石粉和爽身粉涂在孩子的手上或身体上。清除滑石粉和爽身粉时不要用湿毛巾擦，最好用干毛巾，或清水洗手。

◆ 生姜汁

取鲜生姜适量，切碎、捣烂，取汁液应用。小儿在冬春季节，常用姜汁，取其辛温，有发汗解表、温中健胃、助消化之功效。既可用于风寒感冒，又可用于胃寒呕吐及腹痛、腹泻等。

◆ 葱白汁

取葱白适量，切碎、捣烂，取汁液应用。葱白能散在表之风寒，有发汗解表、散寒通阳的作用。对于感冒风寒轻证，常用葱白汁作介质；此外，对于因寒凝气滞所导致的小便不利，也可使用本品。

◆ 白酒

采用市场出售的普通白酒或药酒，具有活血、通络、止痛之功效。用于麻木不仁、手足拘挛、局部瘀血等。

◆ 冬青膏

由冬青油、薄荷脑、凡士林和少许麝香配制而成，具有温经散寒和润滑作用，常用于软组织损伤及治疗小儿虚寒性腹泻。

◆ 薄荷水

取鲜薄荷叶或干薄荷叶（鲜者最好），浸泡于适量的开水中，容器加盖存放8小时后，去渣取液应用。

在夏天炎热季节，小儿常用薄荷水。因其有疏散风热、清利头目、透疹的作用，故对于风热感冒或风热上犯所致的头痛、目赤、咽痛等，或痘疹初期隐隐不透，或麻疹将出之际，均可用薄荷水作介质。

◆ 凉水

即食用洁净凉水。有清凉肌肤和退热作用，一般用于外感热证。

◆ 红花油

由冬青油、红花、薄荷脑配制而成，有消肿止痛等作用。常用于急性或慢性软组织损伤。

◆ 鸡蛋清

把生鸡蛋打一个小洞，然后倒置，取渗出的蛋清使用。用于消化不良，热性病，或久病后期烦躁失眠、手足心热等。

介质的选择

◆ 辨证选择

根据中医理论进行辨证，证型不同选择不同的介质。总的来说，可分为两大类，即辨寒热和辨虚实。寒证，用有温热散寒作用的介质，如葱姜水、冬青膏等；热证，用具有清凉退热作用的介质，如凉水、白酒（酒精）等；虚证，用具有滋补作用的介质，如药酒、冬青膏等；实证，用具有清、泻作用的介质，如鸡蛋清、红花油等。其他证型可用一些中性介质，如滑石粉、爽身粉等，取其润滑皮肤的作用。

◆ 辨病选择

根据病情的不同，选择不同的介质。小儿发热选用清热性能较强的凉水、白酒（酒精）；关节扭伤选用活血化瘀、消肿止痛的介质，如红花油；小儿肌性斜颈选用润滑性能较强的滑石粉、爽身粉等。

第四讲

家长必须掌握的十大基本手法

小儿推拿手法的基本要求是柔和、均匀、持久、有力，轻而不浮，快而不乱，平稳扎实，作用深透。对于推拿手法，只有在取穴准确、操作手法认真到位的基础上才能达到治病的效果。常用的小儿推拿手法有按、摩、掐、揉、推、捏、摇、拿、运、捣10种，现逐一介绍如下。

按　法

以中指或拇指螺纹面，或掌根在一定的穴位上逐渐用力向下按压，称按法，分别称指按法、掌按法。

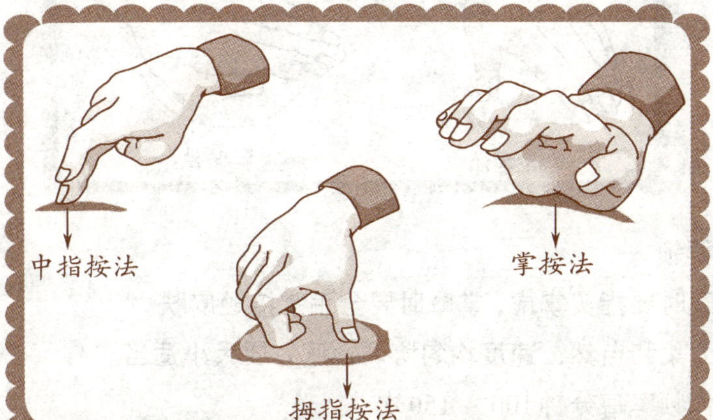

手法要领 按时轻重适度，要垂直逐渐向下用力。

◇指按时，手握空拳状，四肢自然屈曲或放松，拇指或中指伸直，指端着力在穴位逐渐向下揿压。

◇掌按时，腕关节微背曲，蓄力于掌，掌心或掌根向下揿压。本法用力必须缓和渐进，切忌粗暴。本法常与揉法配合应用。

临床应用 本法具有通经活络、开通闭塞、祛寒止痛的作用。

◇指按法常用于"点"状穴，如屈中指指间关节，以指端叩击穴位，以指代针，亦称为指针法。此法适用于全身各部位和穴位。

◇掌按法常用于"面"状穴。

◇为了加强按法的效应，提高临床效果，按法常与揉法组合，形成按揉法，成为复合性手法。其含义有二：一为向下按的同时揉之，二为按与揉交替进行。按法的强度与补泻有关，重按为泻法，轻按为补法。

摩法

以全手掌面或食指、中指、无名指、小指螺纹面附着于一定的穴位上，以腕关节连同前臂做顺时针方向或逆时针方向环形移动摩擦，称摩法。

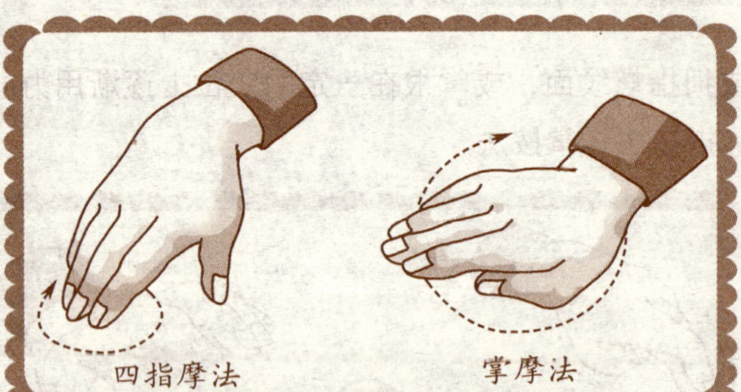

手法要领

◇指摩时要指实掌虚；掌摩时要全手掌接触皮肤。

◇用力柔和自然，速度均匀协调，压力要大小适当。

◇操作频率每分钟100～150次。

临床应用 本法具有理气活血、消肿退热、消积导滞、温中健脾的作用。

◇常用于胸腹部“面”状穴。一般指摩适用于头面等部位，掌摩适用于胸腹胁肋等部位。摩法对肠胃疾患最为有效。对急性扭挫伤，可以用摩法消肿。

◇本法与揉法有严格区别，以轻而不浮，但不吸定体表穴位为特点。它与旋推法和运法动作相似，较旋推法为轻，而比运法重。

◇本法操作时间较长。

◇文献中有缓摩为补、急摩为泻之说。今人以逆时针方向及慢速摩动为补法；顺时针方向及快速摩动为泻法。

掐　法

用拇指指甲去按压体表治疗部位的一种手法，称为掐法。本法刺激性强，力量集中，有以指代针之意，所以也称为“指针法”。

手法要领

◇可重刺激穴位，但次数要少，以3～5次为宜，或中病即止，切忌掐破皮肤。掐后常在穴位上继续用指揉法，以缓解不适之感。

◇宜在其他各法操作完毕后施用。

掐法

临床应用

◇掐法是强刺激手法，可以指代针，常用于“点”状穴，是急救时常用的手法。

◇掐法具有定惊醒神、通关开窍的作用，适用于头面部、手足部穴位，以救治小儿急性惊厥，如掐人中、掐十宣等。

揉　法

以中指或拇指指端，或掌根，或大鱼际吸定于一定穴位上，做顺时针方向或逆时针方向旋转揉动，称揉法，亦可分别称为指揉法、掌根揉法、鱼际揉法。

手法要领

◇揉动时手要吸住皮肤，压力要均匀着实，带动皮下组织随揉而滑动，不可在皮肤上擦。

◇单手操作时，逆时针方向揉动为补法；顺时针方向揉动为泻法。

◇指揉法常用于“点”状穴，根据病情需要，可两指并揉和三指同揉。

◇鱼际揉法和掌根揉法用于“面”状穴。

◇揉法不同于旋推、摩法和运法，着力面用劲要大些。

◇操作频率每分钟200～250次。

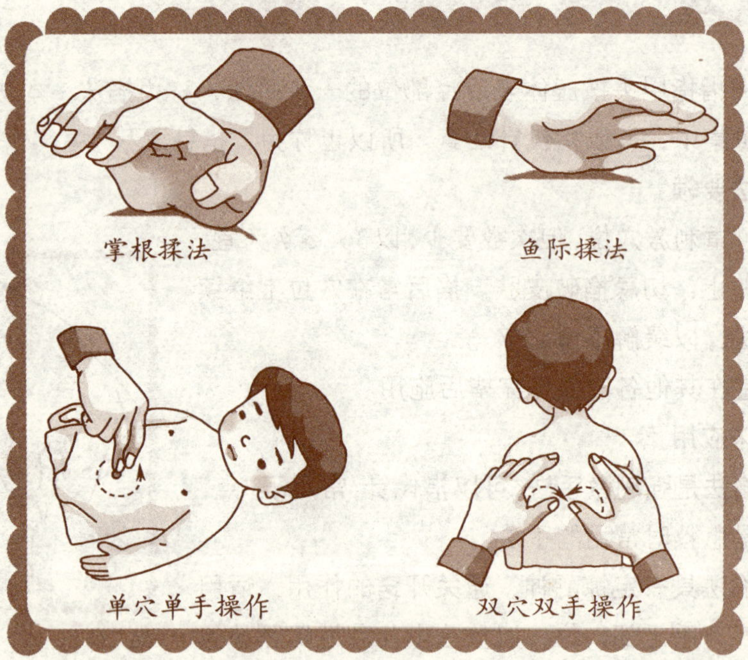

临床应用

◇本法既能消肿止痛、祛风散热，又可调和气血、理气消积。

◇主治脘腹胀满、便秘、腹泻等肠胃系统疾患，对急性软组织损伤疗效尤佳。

推　法

推法在小儿推拿临床中应用相当广泛。有直推法、分推法、合推法和旋推法4种。推法为小儿推拿最常用的手法之一，可用于身体任何部位。

推法是从摩法中演变而出，但比摩法、运法为重，而较揉法轻，所以旋推法与指摩法极为相似，但有区别，须严格分开，而分推法又不同于摩法，操作时需准确掌握运用。

○直推法

用拇指桡侧缘，或用食、中两指螺纹面附着于治疗部，做单方向的直线推动。

手法要领

◇动作要轻快连续，一拂而过，如帚拂尘状，以推后皮肤不红为佳。手法频率每分钟约250～300次。

◇推动时必须走直线，不可歪斜，以恐动其他经穴而招患。

◇常用于推拿特定穴中的"线状穴位"和"五经"穴等。

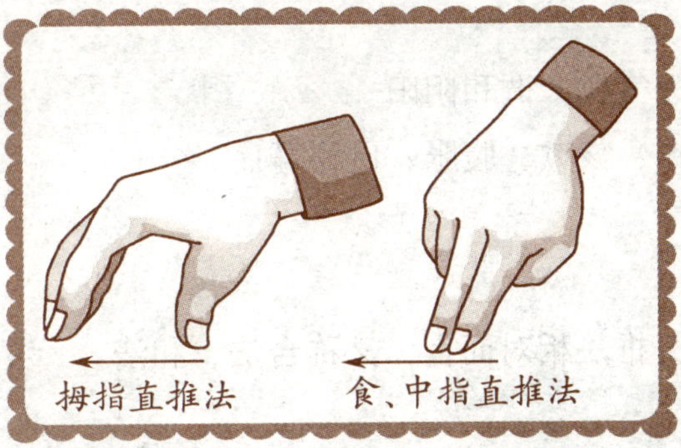

临床应用

◇功效　清热解表，止泻通便，除烦安神。

◇主治　外感发热、腹泻、便秘、惊惕烦躁等症。

○分推法

以两手拇指桡侧端或螺纹面，或食、中两指螺纹面自穴位中点向两旁分向推动（←•→），或做“↙•↘”形推动，称分推法，又称分法。

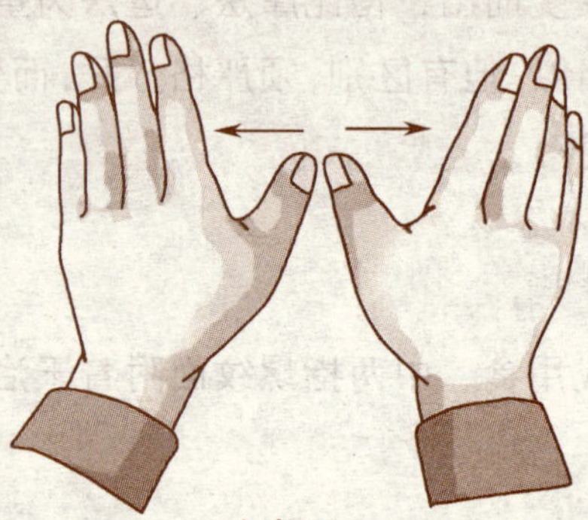

分推法

手法要领

◇本法运用时，两手用力要均匀、柔和协调。一般分推20～30次。

◇常用于额前、胸部、腹部、背部、腕掌部。

临床应用

◇功效　分理气血，调和阴阳。

◇主治　发热、咳嗽、腹胀、便秘等症。

○合推法

合推法是与分推法相对而言，又称合法、和法。

手法要领

◇动作要求同分推法，只是推动方向相反。

◇适用部位同分推法。

临床应用

◇功效　和阴阳，理气血。

◇主治　发热、腹胀、便秘等症。

在临床上，合推法常与分推法配合使用，一分一合起到相辅相成的作用。

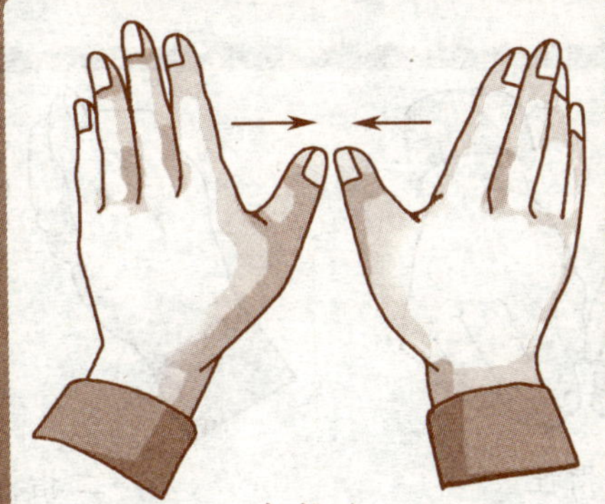

合推法

○旋推法

用拇指螺纹面轻附于治疗的穴位上，做顺时针方向的环旋移动。

手法要领

◇旋推法仅以拇指在皮肤表面做旋转推动，一般不带动皮下组织。

◇手法频率每分钟150～200次。

◇主要用于“五经”穴。

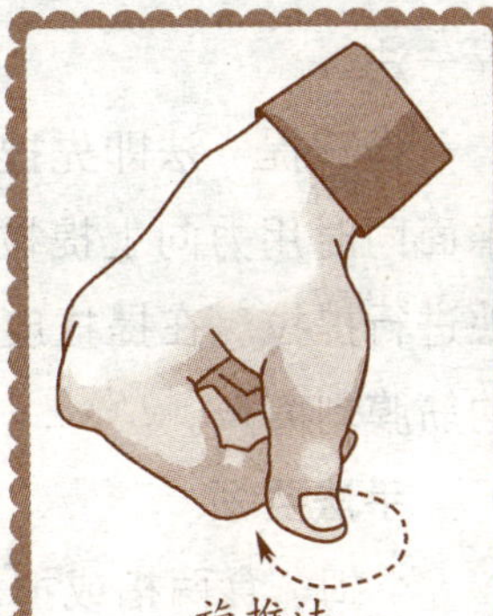

旋推法

临床应用

◇功效　健脾和胃，补肺益肾。

◇主治　脾胃虚弱、消化不良、肺虚咳嗽等小儿虚证。

捏　法

以拇指和其他手指在治疗部位做对称性的挤压、捻动，称为捏法。

三指捏　用拇指桡侧在后顶住皮肤，食、中两指前按，三指同时用力提拿住皮肤，双手交替向前捏动。

二指捏　用屈曲的食指中节桡侧在后顶住皮肤，拇指前按，两指同时用力提拿皮肤，双手交替向前捻动。

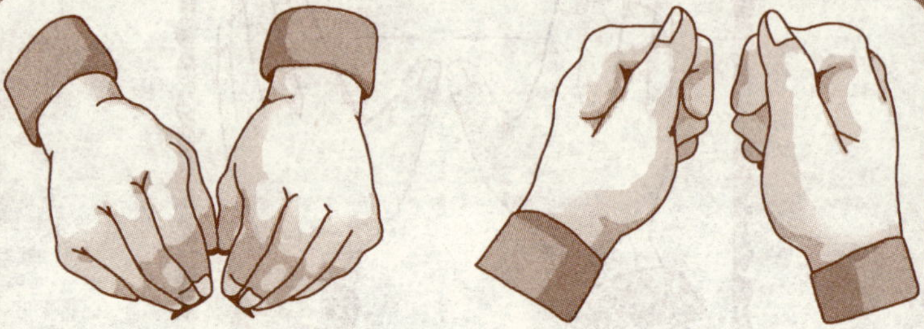

三指捏　　二指捏

若以捏法施于脊柱，就称为捏脊法。由于此法善治小儿“疳积”，收效神奇，所以又称为“捏积法”。

捏脊（积）的操作一般均由龟尾穴开始，沿脊柱两侧而上止于大椎穴，一般连续操作5～6遍。结合病情，对需加强手法刺激的患儿，常用捏三提一法。

捏三提一法即先捏脊一遍，从第二遍起，每向前捏三次，双手在同一平面同时用力向上提拉一次；或者对重要穴位如肾俞、脾俞、肺俞诸穴位处进行提拉。在提拉皮肤时，常听到较清脆的“嗒、嗒”声，这属于正常的筋膜剥离声。

手法要领

◇拇、食两指或拇、食、中三指提拿皮肤，次数以及用力大小要适当，且不可带有拧转动作。提拿皮肤过多，则手法不易捻动向前；提拿皮肤过少，则易滑脱停滞不前。用力过重易疼痛，过轻又不易得气。

◇操作时两手交替进行，不可间断，捻动须直线进行，不可歪斜。

◇捏脊方向须根据病情，或由下而上，或由上而下。

◇三指捏法刺激量小，适用于3岁以下的小儿；二指捏法刺激量大，适用于年龄较大的儿童。

临床应用

◇功效　调整阴阳，疏通经络，健脾和胃，促进气血运行，改善脏腑功能，增强机体抗病能力。

◇主治　小儿疳积、消化不良、佝偻病、腹泻等病。此法常用作小儿保健，可以增进食欲，强壮体质。

摇　法

用左手托扶关节近端，右手握住关节远端，做较大幅度的转运或摇动，称为摇法。

摇法

手法要领

◇操作时动作要缓和稳定，用力宜轻松。

◇摇动的方向和幅度须在生理许可的范围之内。

临床应用

◇主要用于人体各关节处，有疏通经络、促使关节功能恢复的作用。

◇临床上常用的手法有摇㪇肘法，按摇肩井法。

拿　法

用拇指与食、中两指，或用拇指与其余四指在一定穴位上反复相对用力做一松一紧的提拿动作。

手法要领

◇手法动作要缓和连贯，用力要由轻而重，再由重到轻，不可突然用力。

◇拿法是从按法演变而来，但与按法不同。按法是按之不动，而拿法是多个指端相对用力而揉动。

◇本法刺激性较强，宜在其他手法结束时进行。

拿法

临床应用

◇拿法刺激性较强，具有疏通经络、解表发汗、镇静止痛、开窍醒神的作用。

◇临床上多用于急救和急性病症。常用于颈项、肩部和四肢穴位，治疗外感头痛、项强、四肢关节及肌肉酸痛。

运　法

以拇指螺纹面，或用中指螺纹面，附着于治疗穴位，做由此穴向彼穴的弧形推动，或在穴周做周而复始的环形推动，称为运法。亦有人称运推法，属推法的一种，也是小儿推拿的常用手法之一。

运法

手法要领

◇运法操作时，指面一定要贴紧施术部位，宜轻不宜重，宜缓不宜急，是用指端在体表穴位上做旋转摩擦移动，不带动皮下组织。

◇操作频率每分钟80～120次。

◇宜用于弧线状穴位或圆形穴位。

◇运法与旋推法的异同见下表。

运法与旋推法的异同

	相同点	不同点
运　法	均在体表做环形推动，都不带动皮下组织	运动幅度较大，频率较慢，每分钟80 ～ 120次
旋推法		运动幅度较小，频率较快，每分钟150 ～ 200次

临床应用

◇本法能清热除烦、宽胸理气，常用于小儿的头面部及手部。

◇主治发热、胸闷、呕吐等症。

捣　法

以中指指端，或食指、中指屈曲的指间关节着力，有节奏地叩击穴位的方法，称捣法。

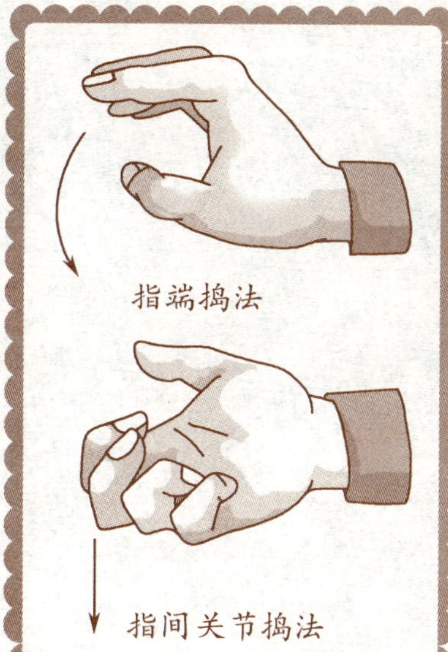

手法要领

◇捣击时指间关节要自然放松，以腕关节屈伸为主动。

◇捣击时位置要准确，用力要有弹性。

◇手法节律要均匀，频率每分钟90 ~ 100次。快而重的捣有兴奋作用；慢而轻的捣有抑制作用。

临床应用　本法相当于"指击法"，或相当于"点法"中轻点一类的手法。常用于小天心、承浆穴等以安神宁志。

第五讲

家长必须掌握的十大复式手法

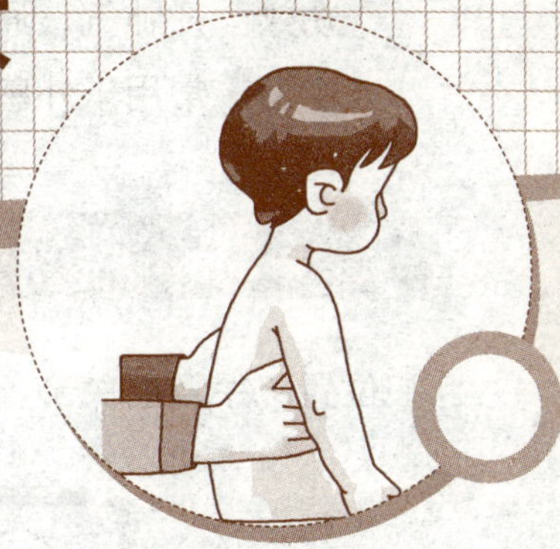

复式操作法是小儿推拿疗法中的一种特定的操作方法，是用一种或几种手法，在一个或几个穴位上进行的特定的操作。本讲介绍常用的十大复式手法。

黄蜂入洞

位置　两鼻孔。

黄蜂入洞

操作 用食、中两指指端在小儿两鼻孔做揉法。

次数 揉20～30次。

临床应用

◇功效 开肺气、通鼻息、发汗解表。

◇主治 常用于外感风寒、发热无汗及鼻塞不通等。

摇抖肘法

位置 手及肘关节。

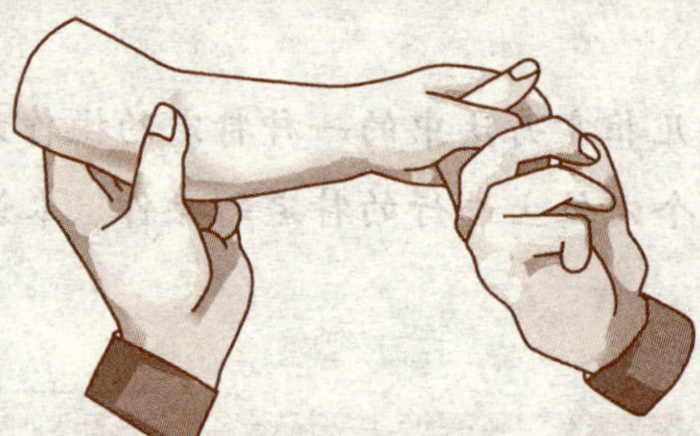

摇抖肘法

操作 先用左手拇、食、中三指拿住小儿肘部，再以另一手握住小儿四指，上下摇之。

次数 摇20～30次。

临床应用

◇功效 顺气和血，通经活络。

◇主治 主要用于食欲不振、疳积等。

运水入土

弧线状穴位。

位置 手掌面，自小指尖偏尺侧至大指根，沿手掌边呈一弧形曲线。

操作 运法：用拇指或中指指端自小指指尖起沿手掌边缘，运至大指根，称运水入土。

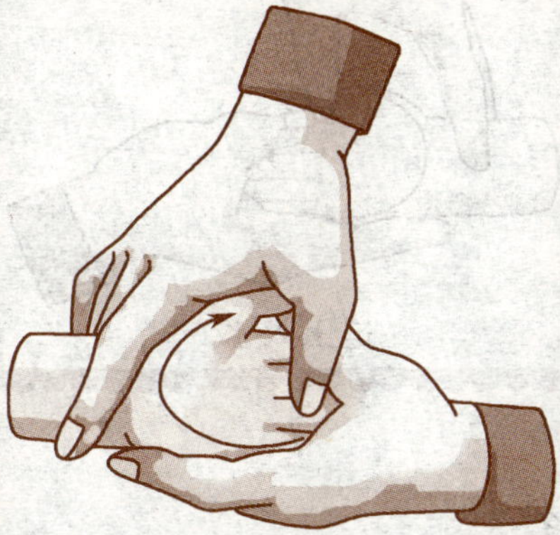

运水入土

次数 100～300次。

临床应用

◇功效 健脾助运，润燥通便。

◇主治 便秘、痢疾、遗尿等。

万博士提示

便秘孩子，用运水入土法，可以润燥。

运土入水

弧线状穴位。

位置 手掌面，自拇指桡侧端至小指根，沿手掌边呈一弧形曲线。

操作 运法：用拇指或中指指端自拇指指尖沿手掌边缘，经板门、鱼际交运至小指根，称运土入水。

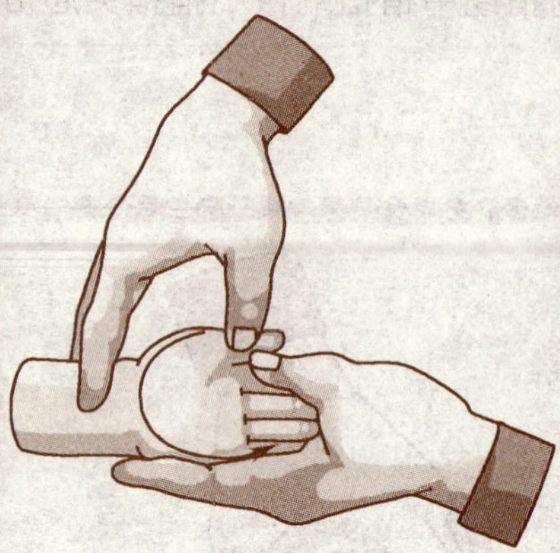

运土入水

次数 100～300次。

临床应用

◇功效 清热化湿，利尿止泻。

◇主治 腹泻。

万博士提示

腹泻孩子，用运土入水法，可以止泻。

水底捞月

位置 手掌。

操作 用左手握小儿四指，以右手食、中两指固定小儿大拇指，然后用拇指自小儿小指头推运至小天心，再转入内劳宫。

次数 推30～50遍。

临床应用

◇功效 为清热大法，能清热凉血、宁心除烦。

◇主治 对一切高热神昏、烦躁不安、邪入营血之证，疗效尤佳。

水底捞月

打马过天河

位置 掌心至洪池穴。

操作 先用右手中指推运内劳宫，然后用食、中两指顶端自总筋处交替弹打至洪池。

次数 打10～20遍。

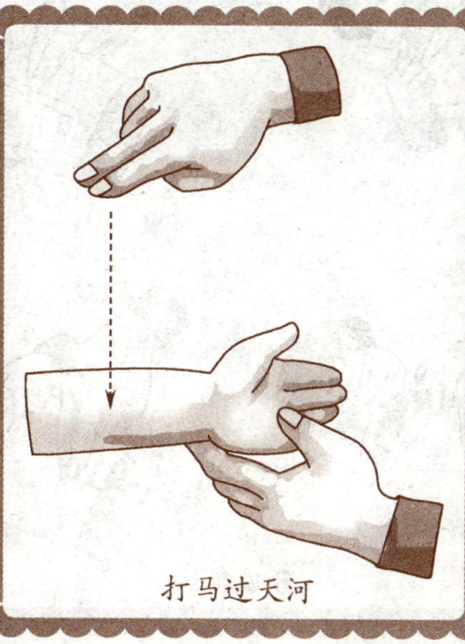

打马过天河

临床应用

◇功效　通经络、退热。

◇主治　用于治疗高热、神昏谵语、上肢麻木抽搐等实热证。

开璇玑法

位置　胸中、膻中、气海穴。

操作　包括4个步骤，首先用两手拇指自小儿胸肋部由上而下分推至季肋后，再从胸骨柄下端向下直推至脐部，顺时针摩腹，最后从脐中下推至小腹。

次数　每条线推100次，摩腹3分钟。

临床应用

◇功效　开通闭塞、降逆止呕、助运止泻、镇惊止搐。此法为降法之一，能引上焦、中焦之气下行，只要有气逆，均可用之。

◇主治　喘促痰闭、呕吐腹泻、发热惊搐。

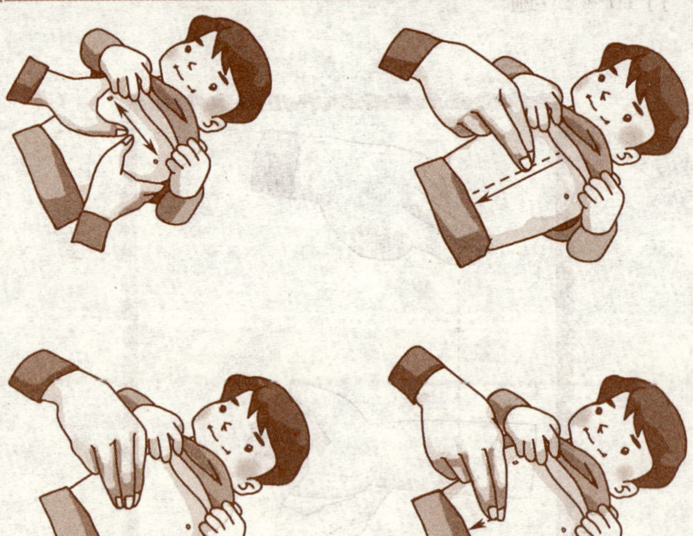

开璇玑法

按弦搓摩

位置 两胁。

操作 用两掌自小儿两胁搓摩至肚角处。

次数 搓摩50～100次。

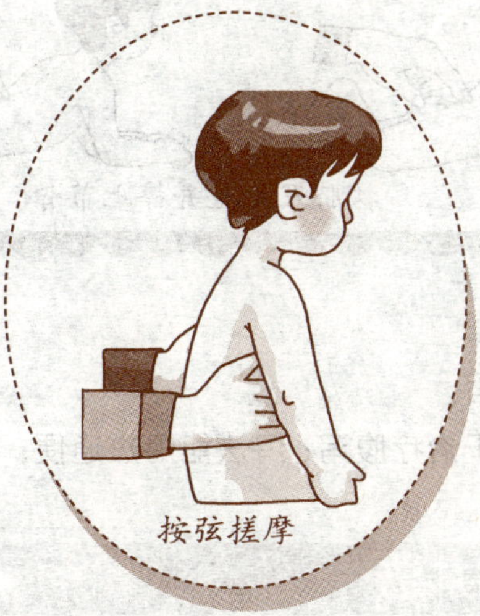

按弦搓摩

临床应用

◇功效 理气消滞。

◇主治 常用于治疗积痰引起的胸闷、咳嗽、痰喘气急、积聚等症。

揉脐及龟尾并擦七节骨

位置 神阙、龟尾、七节骨。

操作 先令小儿仰卧，家长一手揉脐，另一手揉龟尾，揉毕，再令小儿俯卧，自龟尾推至七节骨处为补法，反之为泻法。

次数 40～50次。

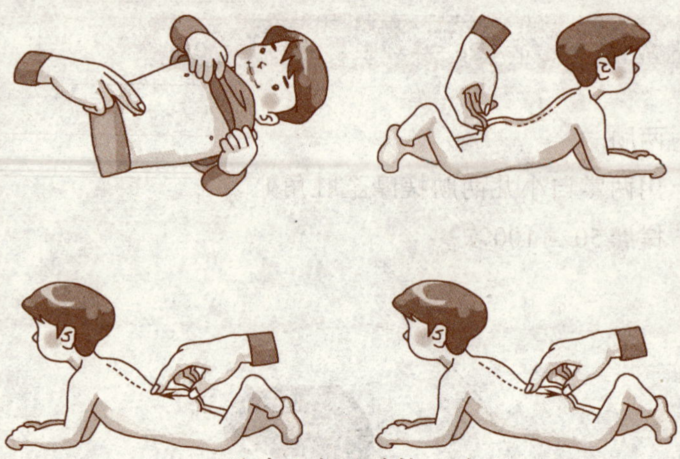

揉脐及龟尾并擦七节骨

临床应用

◇功效 健脾止泻。

◇主治 补法用于治疗腹泻；泻法能泻热通便，用于治疗便秘。

按摇肩井法

位置 手的食指、无名指和肩部。

按摇肩井法

操作　一手中指按小儿一侧肩井穴，另一手紧拿小儿食指、无名指，使其上肢伸直并摇之。

次数　摇20～30次。

临床应用

◇功效　本法通一身之气血，为结束手法，一般治疗完毕都用此法，又称总收法。具有提神、开通气血之功效。

◇主治　感冒、上肢酸痛。

附：小儿推拿常用组合手法

◆ 治外感四大手法

推拿处方　开天门30～50次，推坎宫30～50次，揉太阳30～50次，揉耳后高骨30～50次。

作用　疏风解表，止头痛。用于风寒、风热感冒。

◆ 治腹泻四大手法

推拿处方　揉脐100～300次，摩腹3～5分钟（逆时针），推上七节骨300次，揉龟尾100～300次。

作用　调中止泻。治疗小儿腹泻，止泻效果显著。各种腹泻均可在此基础上加减变通。（秋季腹泻可以加肚脐贴）

◆ 通便四大手法

推拿处方　揉天枢100～150次，摩腹3～5分钟（顺时针），推下七节骨100～300次，揉龟尾100～300次。

作用　通大便。用于小儿便秘。

◆ 发汗四大手法

推拿处方　掐心经3～5次，重揉太阳50～100次，掐揉二扇门

200～400次，拿风池5～10次。

作用　发汗止头痛。用于外感无汗，发热头痛。常配合外感四大手法应用。

◆ 镇惊安神四大手法

推拿处方　清肝经100～150次，掐揉小天心3～5次（掐后继揉），掐揉五指节3次，按揉百会30～50次。

作用　平肝镇惊安神。用于治疗惊惕不安，惊吓夜啼。

◆ 固表止汗四大手法

推拿处方　补脾经300次，补肺经300次，补肾经300次，揉肾顶100～500次。

作用　益气固表止汗。用于治疗自汗、盗汗、大汗。

◆ 治内伤咳嗽法

推拿处方　补脾经300次，补肺经300次，补肾经300次，揉膻中、揉肺俞各100次，按揉足三里50～100次，捏脊3遍。（三补二揉一捏按）

作用　补肾益肺，健脾化痰。用于治疗慢性咳嗽，或感冒后久咳不愈。

◆ 平衡阴阳法

推拿处方　推三关300次、退六腑100次；推三关100次、退六腑300次；推三关100次、退六腑100次。如阴证虚寒者，推三关与退六腑的比例为3∶1；如阳证实热者则1∶3；寒热不分则1∶1。

作用　调和阴阳。

◆ 保健四大手法

推拿处方　补脾经300～500次，摩腹3～5分钟，按揉足三里50～100次，捏脊3遍。

作用　调阴阳，理气血，和脏腑，强体魄，促发育。用于治疗小儿素体脾胃虚弱或病后脾失健运。

第六讲

家长必须掌握的小儿推拿穴位

本讲着重介绍小儿推拿穴位的位置、操作方法、操作次数（时间）、主治及临床应用。其中“操作次数”仅作为6个月～1周岁小儿临床治疗时参考，临诊时尚需根据小儿年龄大小、身体强弱、疾病轻重等情况而有所增减。

需要特别指出的是，小儿特定穴位有“点”、“线”、“面”的特点，且以双手居多，有“小儿百脉汇于双掌”之说。

头面部穴位

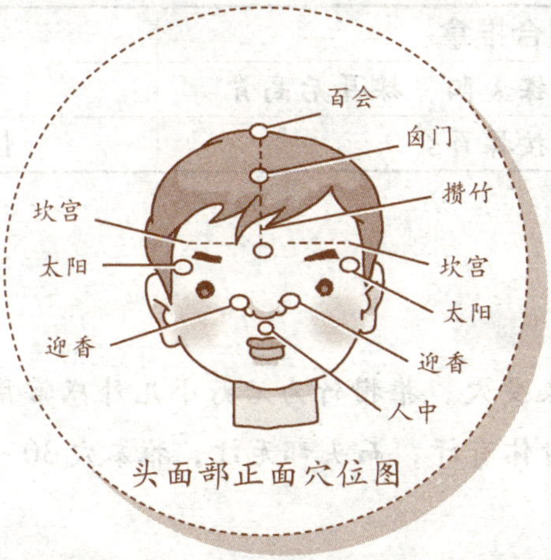

头面部正面穴位图

◆ 攒竹（天门）

线状穴位。

位置　两眉中间至前发际呈一直线。

操作　两拇指自下而上交替直推，称推攒竹，又称开天门。

推攒竹（开天门）

次数　30～50次。

功用　疏风解表，开窍醒脑，镇静安神。

主治　感冒、发热、头痛、精神委靡、惊惕不安等。

临床应用

组合推拿	主治
推攒竹、推坎宫、揉太阳、揉耳后高骨	外感表证
推攒竹、清肝经、按揉百会	惊惕、烦躁

万博士提示

攒竹为发汗解表要穴，推攒竹为治疗小儿外感常用四大手法之一。如感冒高热无汗，或身体有汗，而头部无汗，推本穴30～50次，可见汗出。

◆ 坎宫（阴阳）

线状穴位，也称眉弓。

位置　自眉头沿眉向眉梢呈一横线。

操作　分推法：两拇指自眉心向眉梢分推，称推坎宫，又称分阴阳。

推坎宫（分阴阳）

次数　30 ~ 50次。

功用　疏风解表，醒脑明目，止头痛。

主治　外感发热、头痛目赤。

临床应用

组合推拿	主治
推攒竹、推坎宫、揉太阳、揉耳后高骨	外感表证
推坎宫、清肝经、掐小天心、清天河水	目赤痛

万博士提示

推坎宫为治疗小儿外感常用四大手法之一。

◆ 太阳

点状穴位。

位置　眉后凹陷处。

操作　①两拇指桡侧自前向后直推，称推太阳；②用中指指端揉或运，称揉太阳或运太阳。

揉太阳

次数　30～50次。

功用　疏风解表，清热明目，止头痛。

主治　头痛发热，目赤痛。

临床应用

组合推拿	主治
推攒竹、推坎宫、揉太阳、揉耳后高骨	外感表证
推、揉太阳，加点刺放血	目赤痛

◆ 颊车（牙关）

点状穴位。

位置　下颌角前上方一横指，用力咬牙时，咬肌隆起处。

操作　拇指按或中指揉。

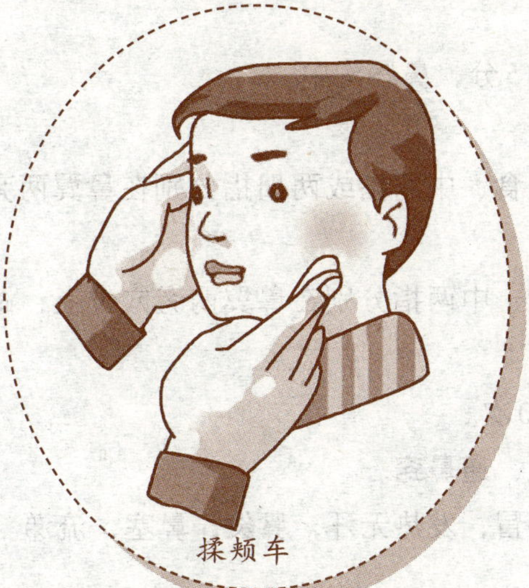
揉颊车

次数　5～10次。

功用　开窍，疏风通络，止痛。

主治　牙关紧闭，口眼㖞斜。

临床应用　按颊车主要用于牙关紧闭，若口眼㖞斜则多用揉颊车。

◆ 人中

点状穴位。

位置　人中沟上1/3与2/3交界点。

操作　用拇指指甲掐，称掐人中。

次数　3～5次或醒后即止。

功用　醒脑开窍。

主治　惊风、昏厥、抽搐。

临床应用

组合推拿	主治
掐人中、掐十宣、掐老龙	人事不省、惊厥、抽搐，主要用于急救

◆ 迎香

点状穴位。

位置 鼻翼旁5分，鼻唇沟中。

操作

◇按揉法 以食、中两指或两拇指分别在鼻翼两旁穴位上按揉，称按揉迎香。

◇搓摩 以食、中两指分别在鼻翼两旁穴位上，做上下搓摩动作，称黄蜂入洞法。

次数 20～30次。

功用 宣肺气，通鼻窍。

主治 伤风感冒，发热无汗，鼻炎，鼻塞，流涕。

临床应用

◇按揉法多用于治疗感冒发热。

◇黄蜂入洞法多用于治疗鼻炎。

◆ 囟门

点、面状结合穴位。

位置 前发际正中直上2寸。

操作

◇推法 两拇指自前发际中点向该穴轮换推（囟门未闭合时，仅推至边缘，或沿囟门两边缘推），称推囟门。

◇揉法 以全手掌或拇指面轻揉（未闭合者，不宜用该法），称揉囟门。

◇摩法 以全手掌轻摩，称摩囟门。

次数 推或揉，各50～100次。

功用 镇静安神，通窍。

主治 惊风、烦躁、神昏、失眠、头痛、久泻、脱肛、遗尿等。

临床应用

◇推法及揉法多用于治疗神志方面的疾病。

◇摩法多治疗久泻、脱肛、遗尿等虚证。

◆ 百会

点、面状结合穴位。

位置　头顶前后正中线与两耳尖连线交叉点。

操作

◇按揉法　以拇指，或中指，或掌根按揉，称按揉百会。

◇摩法　用全手掌或四指掌面摩，称摩百会。

按揉百会

次数　100 ~ 300次。

功用　安神镇静，升阳举陷。

主治　头痛、惊风、脱肛、遗尿等。

临床应用

组合推拿	主治
按揉百会、捣小天心、掐十宣	小儿惊风
按揉百会、清肝经、清心经、掐揉小天心	惊风、烦躁
按揉百会、补脾经、补肾经、推三关、揉丹田	遗尿、脱肛

万博士提示

百会为安神定惊首选穴位之一。

◆ 耳后高骨

点、面状结合穴位。

位置　耳后入发际高骨下凹陷中。

操作

◇揉法　用拇指或中指揉，称揉耳后高骨。

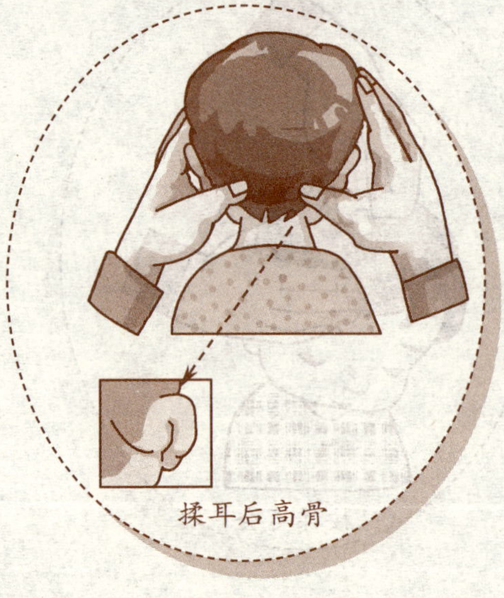

揉耳后高骨

次数　30～50次。

功用　疏风解表。

主治　头痛、惊风、烦躁不安。

临床应用

组合推拿	主治
推攒竹、推坎宫、揉太阳、揉耳后高骨	外感表证
揉耳后高骨、清肺经	外感头痛
揉耳后高骨、按百会、清心经	惊风、烦躁

万博士提示

揉耳后高骨为治疗小儿外感四大手法之一。

◆ 风池

点状穴位。

位置　颈后枕骨下缘，胸锁乳突肌与斜方肌起始部中间凹陷中。

操作

◇拿法　以一手拇指与食、中两指分别放在两穴上拿之，称拿风池。

次数　5～10次。

功用　发汗解表，祛风散寒。

主治　感冒、头痛、颈项强痛。

临床应用

组合推拿	主治
拿风池、清肺经等	外感表证
拿风池、揉列缺、揉颈项部肌肉	颈项强痛

◆ 天柱骨

线状穴位。

位置　颈后发际正中至大椎呈一直线。

操作

◇推法　以拇指或食、中两指螺纹面自上向下直推（力度可较大些），称推天柱骨。

◇擦法　以食、中两指或四指螺纹面向下擦，称擦天柱骨。

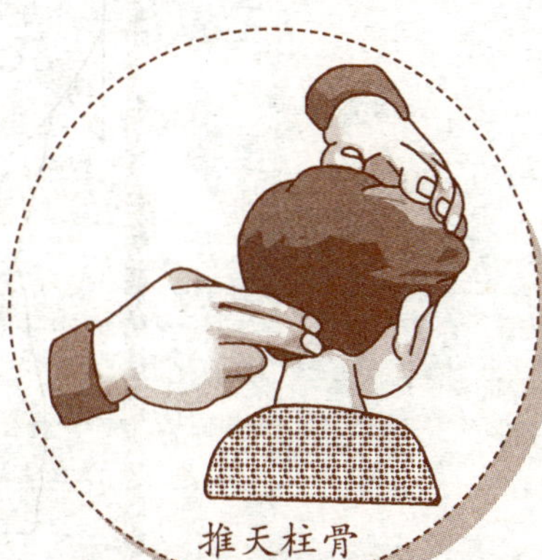

推天柱骨

次数　推100～300次。

功用　降逆止呕，祛风散寒。

主治　恶心、呕吐、呃逆、溢奶、发热、感冒、项强、惊风、咽痛。

临床应用

组合推拿	主治
推天柱骨、拿风池等	外感发热、项强
推天柱骨、揉板门、揉中脘等	呕吐

万博士提示

用汤匙蘸水自上而下刮天柱骨，刮至皮下轻度瘀血即可，作用同推天柱骨。

头面部穴位功能小结

推攒竹、推坎宫、揉太阳、拿风池、推天柱骨	解表
按揉百会、揉迎香	镇惊通窍
按揉百会	升阳举陷

胸腹部穴位

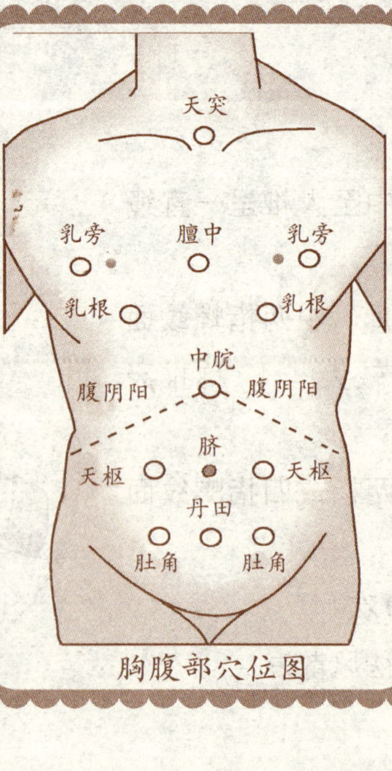

胸腹部穴位图

◆ 天突

点状穴位。

位置　胸骨上窝正中。

操作

◇按揉法　用中指指端按揉本穴，称按揉天突。

◇捏挤法　用双手拇指、食指捏挤本穴，称捏挤天突。

次数　按揉法：10 ~ 15次；捏挤法：3 ~ 5次。

功用　理气化痰，降逆止呕，止咳平喘。

主治　咳喘胸闷，痰壅气急，恶心呕吐，咽喉肿痛。

临床应用

组合推拿	主治
按揉天突、推揉膻中、运内八卦等	咳喘痰壅
按揉天突、揉中脘、推脾土等	恶心呕吐
捏挤天突、捏挤大椎	咽喉肿痛

◆ 膻中

点、线状结合穴位。

位置　前正中线，两乳头之间。

操作

◇揉法　用中指或拇指指端揉本穴，称揉膻中。

◇推法　①用两拇指自穴位中点向两旁分推至乳头，称分推膻中（又称分推胸阴阳）；②用食、中两指自胸骨切迹向下直推至剑突，称推膻中。

次数　推或揉约50 ~ 100次。

功用　宽胸理气，止咳化痰。

主治　胸闷、咳喘、痰鸣、吐逆等。

膻中穴操作法

临床应用

组合推拿	主治
分推膻中	胸闷
揉膻中，可与推肺经、揉肺俞等组合	咳喘、痰鸣
推膻中，可与揉天突、按揉丰隆等组合	吐逆

◆ 乳旁、乳根

点状穴位，常合并应用。

位置　乳头向外旁开2分为乳旁，乳头向下2分为乳根。

操作　食、中两指分别置乳旁、乳根穴用揉法，称揉乳旁、揉乳根。

次数　20～50次。

功用　宽胸理气，止咳化痰，消食化滞。

主治　胸闷，咳喘，胸痛，呕吐，痰鸣。

临床应用　咳喘、胸闷，可与揉膻中、揉肺俞等合用。

◆ 胁肋

面状穴位。

位置　从腋下两胁至天枢处。

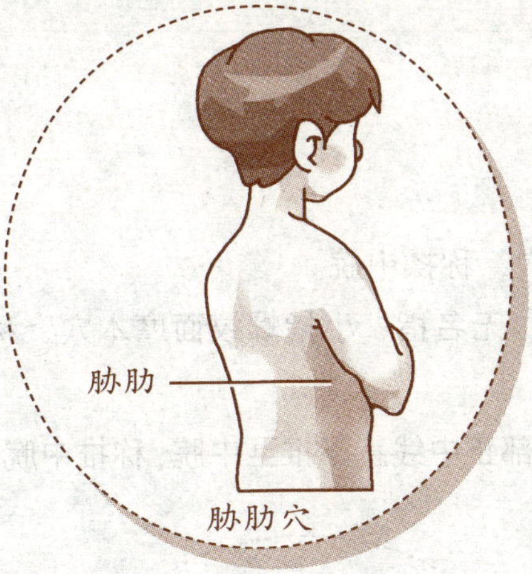

胁肋穴

搓摩胁肋

操作

◇搓摩法　以两手掌从两腋下自上向下搓摩至两天枢处，称搓摩胁肋，又称按弦搓摩。

次数　50～100次。

功用　顺气化痰，除胸闷，开积聚。

主治　胸闷、胁痛、腹胀、痰喘、气急、疳积、肝脾肿大等。

临床应用

组合推拿	主治
搓摩胁肋、揉膻中、推膻中等	胁痛、胸闷、痰喘气急
搓摩胁肋，加捏脊法	疳积

万博士提示

胁肋穴专消有形之邪，为消积要穴，常与摩腹配用。本法消导之力较峻烈，故体质虚弱的小儿慎用。

◆ 中脘

点、线、面状结合穴位。

位置　腹部正中线，脐上4寸。

操作

◇揉法　以中指或拇指或手掌揉本穴，称揉中脘。

◇摩法　用全手掌面或食指、中指、无名指、小指螺纹面摩本穴，称摩中脘。

◇推法　用食、中两指自天突起沿胸部正中线直下推至中脘，称推中脘。

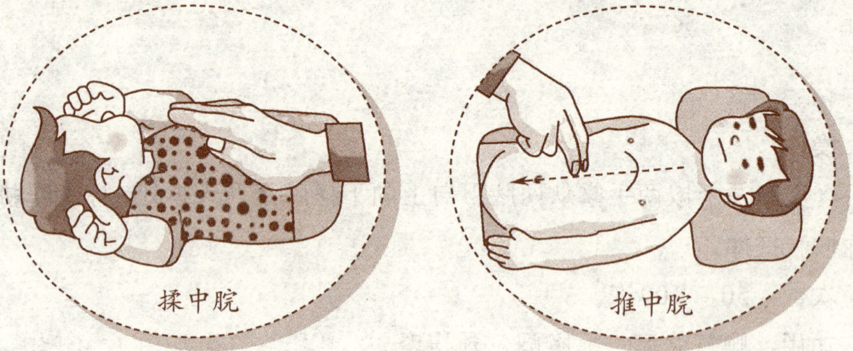

中脘穴操作法

次数　揉100～300次；摩5分钟；推100～300次。

功用　健脾和胃，消食和中。

主治　腹胀、嗳气、食积、食欲不振、呕吐、腹泻等。

临床应用

组合推拿	主治
揉中脘、推脾经、按揉足三里等	腹胀、食积、食欲不振、呕吐、腹泻
推中脘、推板门、推天柱骨等	胃气上逆、嗳气呕恶

◆ 腹

面、线状结合穴位。

位置　腹部（以中腹为主）。

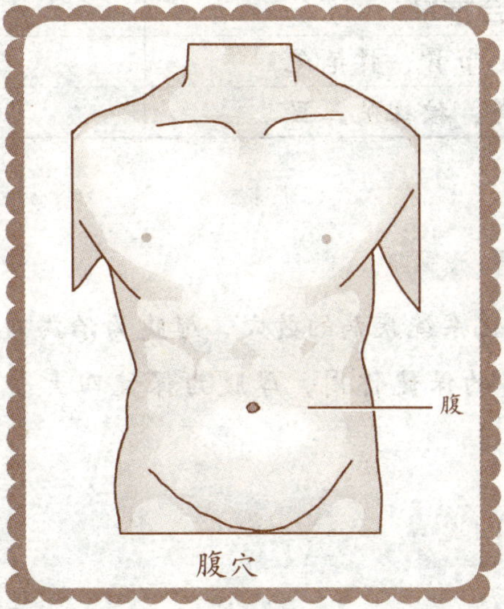

腹穴

操作

◇推法　以两手大拇指沿两肋边缘向两旁分推，称分推腹阴阳。

◇摩法　用全手掌或四指螺纹面摩腹部称摩腹。

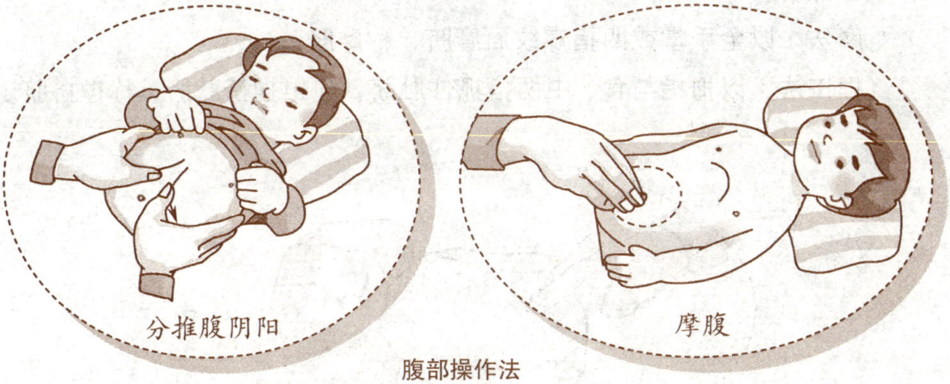

腹部操作法

次数　分推100～200次；摩5分钟。

功用　健脾和胃，理气消食。

主治　腹胀、腹痛、腹泻、纳少、便秘、疳积、恶心、呕吐等一切消化系统疾病。

临床应用

组合推拿	主治
摩腹、揉脐、推上七节骨、揉龟尾	腹泻
摩腹、补脾经、捏脊、按揉足三里	保健

万博士提示

◇本穴为治疗消化系统疾病的效穴，摩腹为治泻四大手法之一。

◇本穴具有很好的保健作用，摩腹为保健四大手法之一，可以单穴使用。

◆ 脐（神阙）

点、面状结合穴位。

位置 肚脐。

操作

◇揉法 以中指指端或掌根揉脐，或用拇指与食、中两指抓住肚脐抖揉，统称揉脐。

◇摩法 以全手掌或四指螺纹面摩脐，称摩脐。

◇捏挤法 以拇指与食、中两指抓住肚脐，向里捏挤肚脐，称捏挤脐。

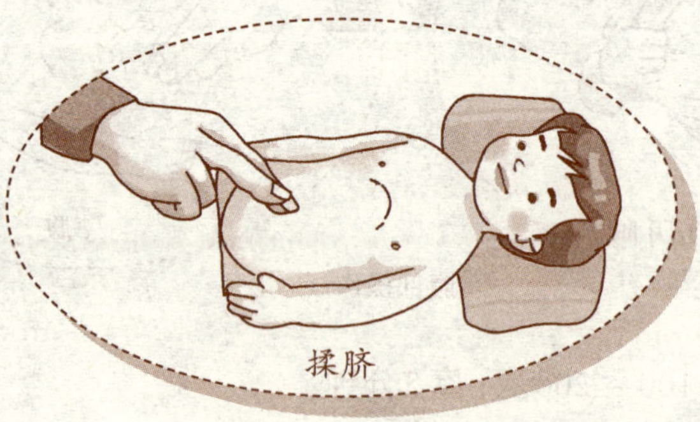

揉脐

次数 揉法：100～300次（抖揉50～100次）；摩法：3～5分钟；捏挤法：3～5次。

功用　温阳散寒，补益气血，健脾和胃，消食导滞。

主治　腹泻、便秘、腹胀腹痛、疳积等。

临床应用

组合推拿	主治
摩腹、揉脐、揉龟尾、推七节骨等	腹泻、便秘
捏脊、揉中脘、揉脐、揉足三里等	疳积

◆ 天枢

点、面状结合穴位。

位置　脐旁2寸，左右成对。

操作

◇按揉法　用食、中或拇、食两指按揉本穴，称按揉天枢。

◇一指禅推法　用拇、食两指分别按在两侧穴位上做一指禅推的动作。

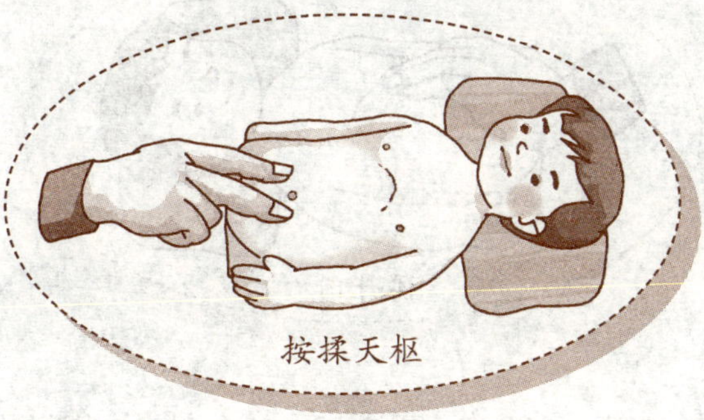

按揉天枢

次数　按揉法：100～300次；一指禅推法：1～2分钟。

功用　疏调大肠，理气消滞。

主治　腹胀、腹泻、腹痛、便秘、食积等。

临床应用

组合推拿	主治
按揉天枢、揉脐、摩腹等	消化系统疾病

万博士提示

◇**本穴通调而偏温，故治疗寒性病症效果较好。**

◇**在临床上，天枢与脐可同时操作，以中指定脐，食指与无名指分别按置于两侧天枢穴同时揉动。**

◆ 丹田

点、面状结合穴位。

位置　脐下2.5寸。

操作

◇揉法　用手掌根或中指或拇指螺纹面揉本穴，称揉丹田。

◇摩法　用全手掌或四指螺纹面摩本穴，称摩丹田。

◇一指禅推法　用拇指螺纹面或偏峰一指禅推本穴，称一指禅推丹田。

揉丹田

次数　揉法：100～300次；摩法：3～5分钟；一指禅推法：2～3分钟。

功用　培肾固本，温补下元，分清泌浊。

主治　慢性腹泻，虚性腹痛，遗尿，脱肛，疝气，尿潴留及先天发育不足诸症。

临床应用

组合推拿	主治
揉丹田、补肾经、推三关、揉外劳宫等	疝气、遗尿、脱肛
按丹田、推箕门等	尿潴留

万博士提示

在本穴上做一指禅推法治疗遗尿时，效果较明显。

◆ 肚角

点、面状结合穴位。

位置　脐下2寸，旁开2寸。

操作

◇拿法　①用双手拇指与食、中两指对拿本穴，称拿肚角；②用拇指放在肚角穴上，其余四指放在背部与穴位相对处，同时对拿肚角穴，称拿肚角。

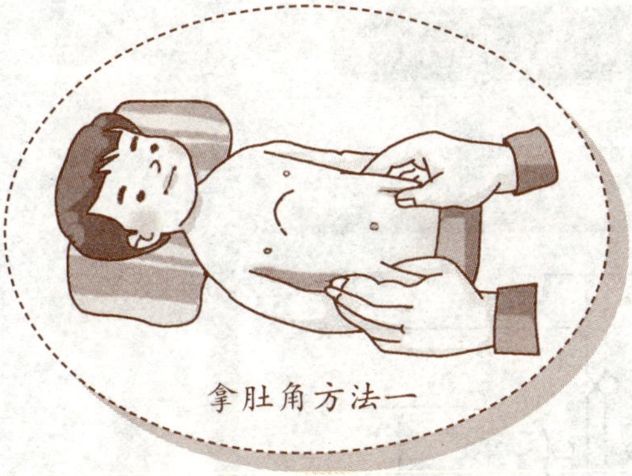
拿肚角方法一

拿肚角方法二

◇按揉法　中指指端按揉本穴，称按揉肚角。

次数　拿法：3～5次；按揉法：30～50次。

功用　理气消滞，止痛。

主治　一切腹痛，便秘，腹胀，食积。

临床应用

组合推拿	主治
拿肚角、摩腹、掐揉一窝风	腹痛
拿肚角、摩腹、推下七节骨	便秘

万博士提示

◇肚角是止腹痛的要穴，拿肚角刺激性较强，不可多拿。

◇本法刺激性较强，为防止小儿哭闹影响手法的进行，可在诸手法施毕后，再拿此穴。

胸腹部穴位功能小结

胸部诸穴	治疗呼吸系统疾病：如咳喘、痰鸣、胸闷等
中、上腹部诸穴	治疗消化系统功能性紊乱：如消化不良、腹胀、腹泻、便秘等
下腹部诸穴	用于温煦下焦、培肾固本，治疗泌尿系统疾病，如遗尿等

腰背部穴位

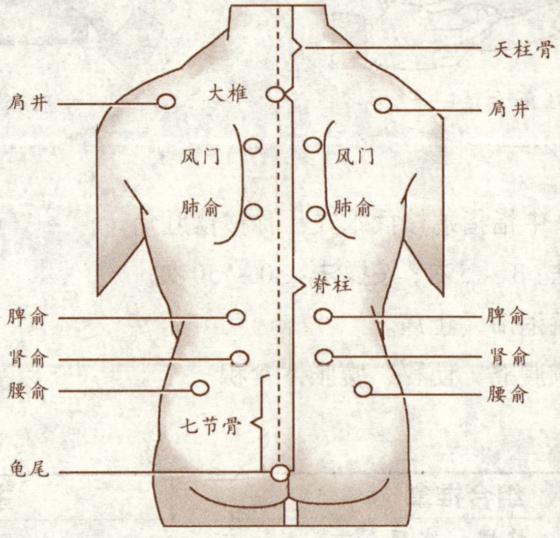

腰背部穴位图

◆ 肩井

点、面状结合穴位。

位置　在大椎与肩峰连线的中点部位。

操作

拿肩井

◇拿法　用拇指与食、中两指对拿肩部筋肉，称拿肩井。

◇按揉法　用拇指或中指指端按揉本穴，称按揉肩井。

次数　拿法：3～5次；按揉法：30～50次。

功用　宣通气血，发汗解表。

主治　感冒，发热，惊厥，上肢活动不利，颈项强痛。

临床应用

◇拿肩井多于治疗结束时运用，作为结束手法，称总收法。

◇治疗感冒发热时，常与拿风池以及治疗小儿外感四大手法合用。

◆ 大椎

点状穴位。

位置　第7颈椎与第1胸椎棘突之间凹陷中。

操作

◇按揉法　用拇指或中指指端按揉大椎，称按揉大椎。

◇捏挤法　用双手拇指、食指同时捏拿起穴位处皮肉，用力向里捏挤，称捏挤大椎。

次数　按揉法：30～50次；捏挤法：3～5次。

功用　清热解表。

主治　感冒，发热，咳嗽，气喘，咽喉肿痛，项强。

临床应用

组合推拿	主治
捏挤大椎、推天柱骨等	感冒、发热、项强
按揉大椎、揉乳旁、揉乳根等	咳嗽

万博士提示

本穴退热作用较强。捏挤法刺激性较强，多用于治疗热病重症。

◆ 风门

点状穴位。

位置　第2胸椎与第3胸椎棘突之间，左右各旁开1.5寸。

操作　食、中两指分别置于左右穴位揉动，称揉风门。

次数　20～30次。

功用　解表通络，止咳平喘。

主治　感冒、咳嗽、气喘。

临床应用

组合推拿	主治
拿风池、清肺经、揉风门、揉肺俞、推揉膻中等	外感风寒

◆ 肺俞

点状穴位。

位置　第3胸椎与第4胸椎棘突之间，左右各旁开1.5寸。

操作

◇按揉法　用两手拇指，或单手食、中两指指端按揉本穴，称按揉肺俞。

◇分推法　用两手拇指螺纹面分别沿肩胛骨内侧缘从上向下做分向推动，称分推肺俞，又称分推肩胛骨。

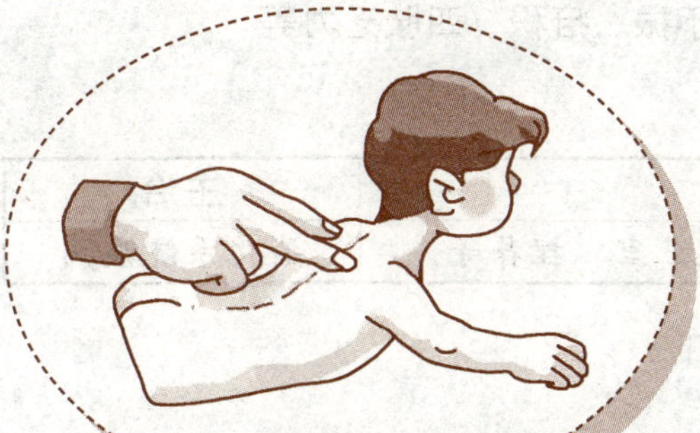

按揉肺俞

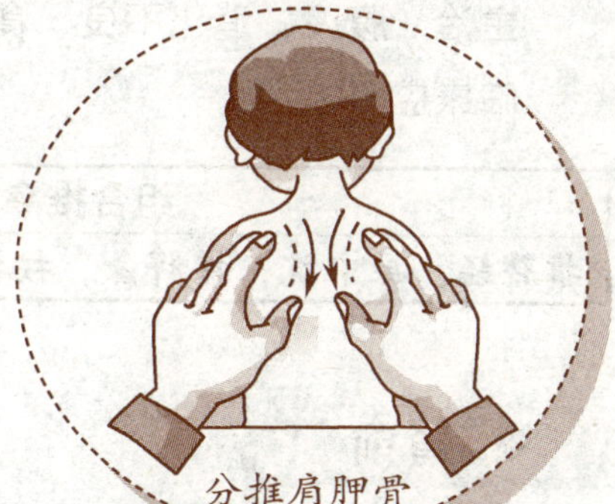

分推肩胛骨

次数　按揉法：50～100次；分推法：100～300次。

功用　调肺气，补虚损，止咳嗽。

主治　喘咳、痰鸣、胸闷、胸痛等症。

临床应用

组合推拿	主治
推揉膻中、揉肺俞、清肺经、揉丰隆等	呼吸系统疾病

万博士提示

◇本穴有补肺气的作用，故多用于治疗肺系虚证，也可与其他具有清宣肺气作用的穴位合用，以治疗肺系实证。

◇对久咳不愈者，指揉操作时可蘸少量精细盐，效果会更好。

◆ 脾俞

点状穴位。

位置　第11胸椎与第12胸椎棘突之间，左右各旁开1.5寸。

操作

◇按揉法　以两手拇指，或单手食、中两指指端按揉本穴，称按揉脾俞。

次数　50～100次。

功用　健脾胃，助运化，祛水湿。

主治　腹泻、消化不良、食欲不振、疳积、四肢乏力等。

临床应用

组合推拿	主治
推脾经、揉中脘、揉脾俞、按揉足三里、捏脊等	消化系统疾病

◆ 肾俞

点状穴位。

位置　第2腰椎与第3腰椎棘突之间，左右各旁开1.5寸。

操作

◇按揉法　以两手拇指，或单手食、中两指指端按揉本穴，称按揉肾俞。

次数　50～100次。

功用　滋阴壮阳，补益肾元。

主治　腹泻、便秘、少腹痛、下肢痿软乏力等。

临床应用

组合推拿	主治
补脾经、补肾经、揉二人上马等	肾虚所致腹泻、便秘
揉肾俞、腰俞、委中、阿是穴	下肢痿软乏力

◆ 腰俞

点状穴位。

位置　第3腰椎与第4腰椎棘突之间，左右各旁开3.5寸凹陷中。

操作　可以食、中两指分别置于左右穴位揉动，亦可双手拇指分别置于左右穴位揉动，都称为揉腰俞。

次数　50～100次。

功用　壮腰补肾，理气活血，散寒除湿。

主治　腰痛、下肢瘫痪。

临床应用　可配合肢体手法推拿治疗。

◆ 脊柱

线状穴位。

位置　大椎至长强呈一直线，是小儿身体上最长的线状穴。

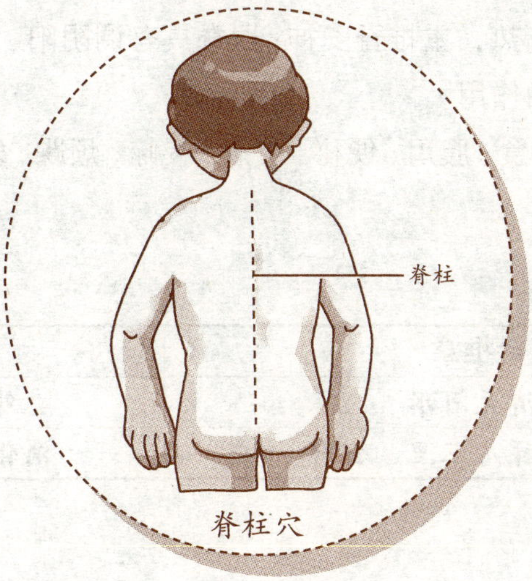

脊柱穴

操作

◇推法　用食、中两指螺纹面自上而下做直推，称推脊。若加天柱骨一起自上而下直推，就称为大推脊，其清热作用更强。

◇捏法　用拇指后按，食、中两指在前，或用食指屈曲，以中节桡侧后按，拇指在前，两手自下而上捏脊柱穴，称捏脊，一般捏3～6次。先捏脊1遍，从第2遍起，每向前捏3次，双手在同一平面同时用力向上提拉1次，捏后可分别在心俞、肝俞、脾俞、肺俞、肾俞上点按2～3次，再轻轻搓摩背部数下。

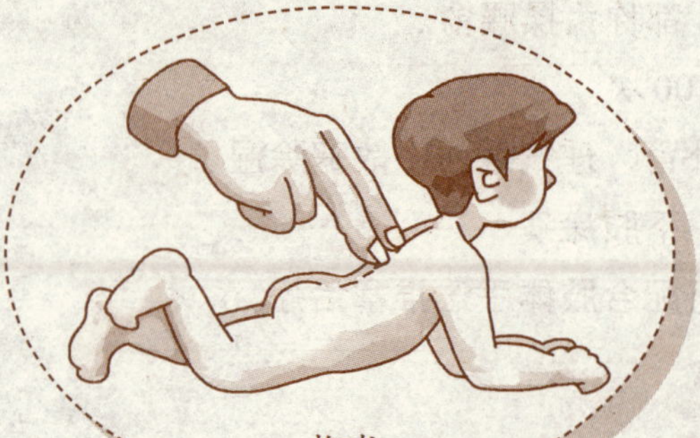

推脊

次数　推100～300次或更多；捏3～5遍。

功用　轻推脊清热，重推脊安神；捏脊具有调阴阳、理气血、和脏腑、通经络、强健身体的作用。

主治　疳积、厌食、腹泻、便秘、腹痛、夜啼、烦躁、发热、遗尿、惊风、脱肛等。

临床应用

组合推拿	主治
推脊、退下六腑、清天河水	外感发热
补脾经、摩腹、按揉足三里、捏脊	消化系统疾病

万博士提示

◇推脊能清热，在推脊时可蘸少量冰水或酒精，是一种有效的物理降温方法。

◇捏脊为小儿保健四大手法之一，本法亦可单独用于保健。捏脊是治疗小儿消化系统诸病的首选方法，其主要有调和脾胃功能的作用。

◆七节骨（七节）

线状穴位。

位置　第4腰椎棘突向下至尾椎骨端（长强）呈一直线。

操作

◇推法　用拇指或食、中两指螺纹面自下向上，或自上向下直推，分别称推上七节骨或推下七节骨。

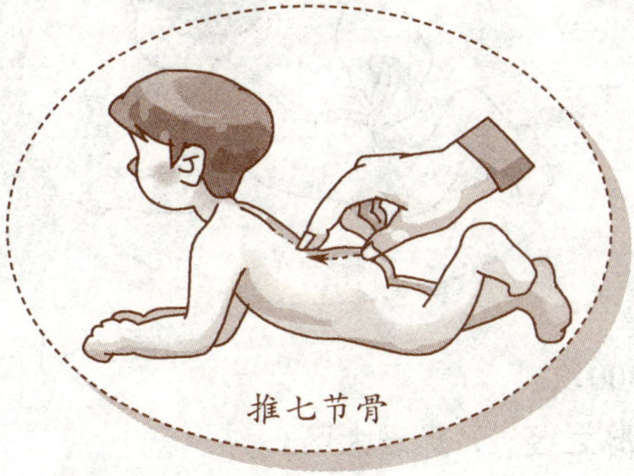

推七节骨

次数　100～300次。

功用　推上七节骨能温阳止泻，推下七节骨能泻热通便。

主治　腹泻、便秘、脱肛。

临床应用

组合推拿	主治
推上七节骨、揉龟尾、摩腹、揉脐等	腹泻
推上七节骨、按揉百会、揉丹田等	气虚下陷的脱肛、遗尿
推下七节骨、揉膊阳池	便秘（热秘）

万博士提示

推上七节骨是止泻要法，为补法，能温阳止泻；推下七节骨能泻热通便。

◆ 龟尾

点、面状结合穴。

位置　尾椎骨端（即督脉经长强穴）。

操作

◇揉法　以拇指或中指指端揉，称揉龟尾。

◇旋推法　用拇指螺纹面旋推本穴，称旋推龟尾。

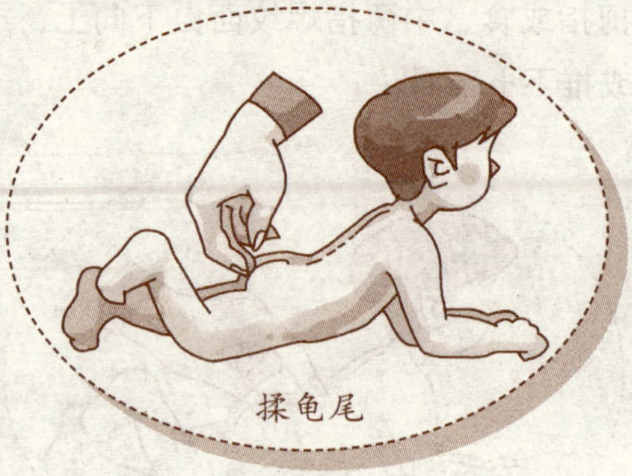

揉龟尾

次数　100～300次。

功用　通调督脉之经气，调理大肠。

主治　腹泻、便秘、脱肛、遗尿。

临床应用

组合推拿	主治
摩腹、揉脐、揉龟尾、推上七节骨	腹泻
推下七节骨、揉龟尾、摩腹、拿肚角等	便秘
按揉百会、揉丹田、揉龟尾等	脱肛、遗尿

万博士提示

◇揉龟尾为治泻四大手法之一。

◇龟尾能通调督脉之经气，具有调节大肠（具有双向性）的功能。

腰背部穴位功能小结

按揉肺俞、脾俞、肾俞	调治肺、脾、肾本脏器及其相关的疾病，能补其不足，泻其有余
推脊、揉大椎、揉风门	能清热。前者清热作用较大，后两者以解表平喘为长
龟尾、七节骨	具有双向调节大肠功能的穴位，一起应用，形成一组合穴

上肢部穴位

上肢部正面穴位图之一

◆ 脾经

面、线状结合穴位。

位置　拇指末节螺纹面。

操作　①在拇指末节螺纹面旋推为补，称补脾经；②拇指伸直，由指端经螺纹面向指根方向直推为清，称清脾经。补脾经、清脾经，统称推脾经。

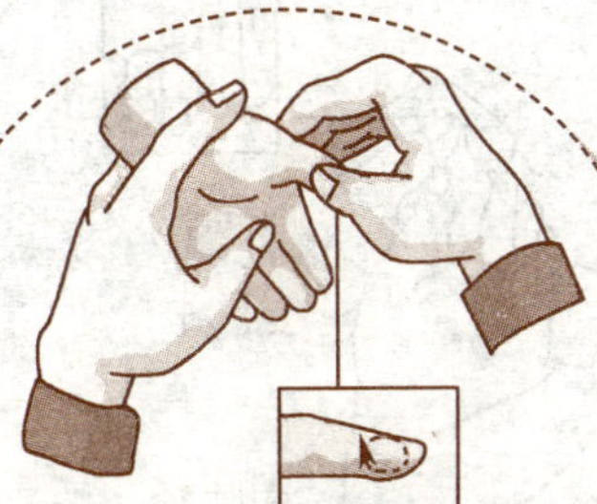

旋推脾经
（补脾经）

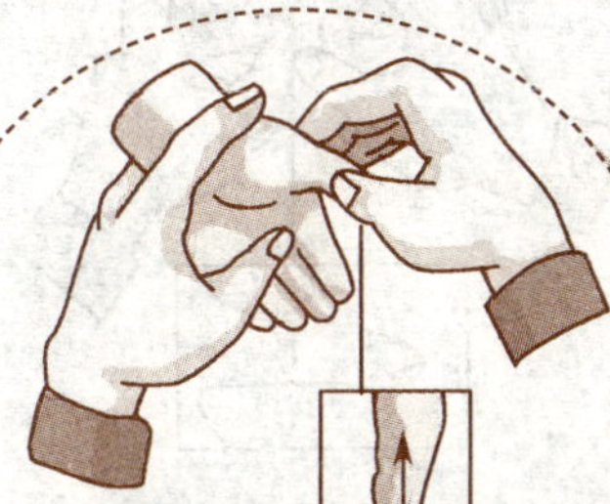

直推脾经
（清脾经）

次数　100 ~ 500次。

功用　补脾经能健脾胃、补气血；清脾经能清热利湿。

主治　腹泻、便秘、食欲不振、消化不良等。

临床应用

组合推拿	主治
补脾经、揉中脘、指揉脾俞、按揉足三里等	食欲不振、消化不良
清脾经、清天河水、清大肠等	湿热证

万博士提示

◇脾经对体虚肌瘦及食欲不振和脾虚腹泻的小儿为效穴。

◇小儿脾胃薄弱不宜攻伐太甚，在一般情况下，脾经穴多用补法；仅体壮邪实者方能用清法，或清后加补。

◆ 肝经

线、面状结合穴位。

位置　食指末节螺纹面。

操作　食指伸直，由指端向指根方向直推为清，称清肝经；旋推为补，称补肝经。清肝经、补肝经统称为推肝经。

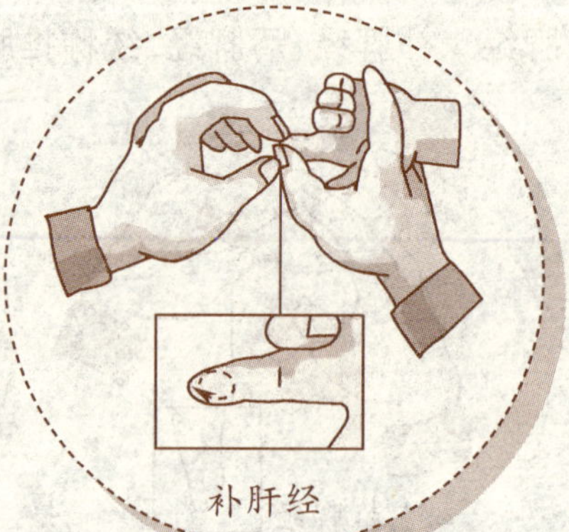

补肝经

清肝经

次数　100～300次。

功用　清肝经能平肝泻火，息风镇惊，解郁除烦。

主治　烦躁不安、惊风、夜啼、癫痫、发热、口苦、咽干、目赤等。

临床应用

组合推拿	主治
清肝经、清天河水、推涌泉等	烦躁不安、惊风、夜啼、癫痫、发热、目赤

万博士提示

◇肝经宜清而不宜补，若肝虚应补时，则需补后加清，或以补肾经代之，称为滋肾养肝法。

◆ 心经

线、面状结合穴位。

位置　中指末节螺纹面。

操作　食指伸直，由指端向指根方向直推为清，称清心经；旋推为补，称补心经。清心经、补心经统称为推心经。

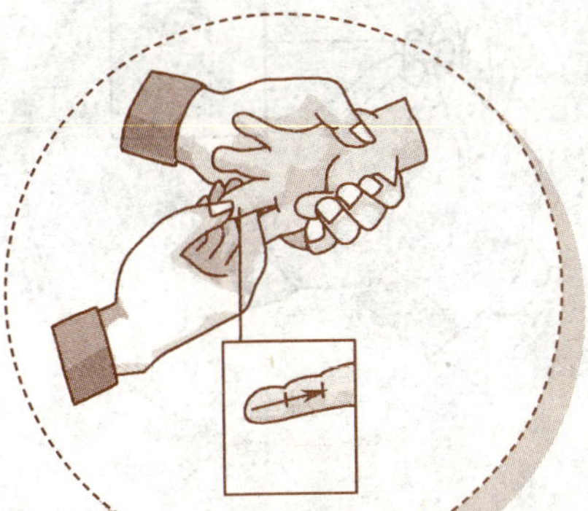

清心经

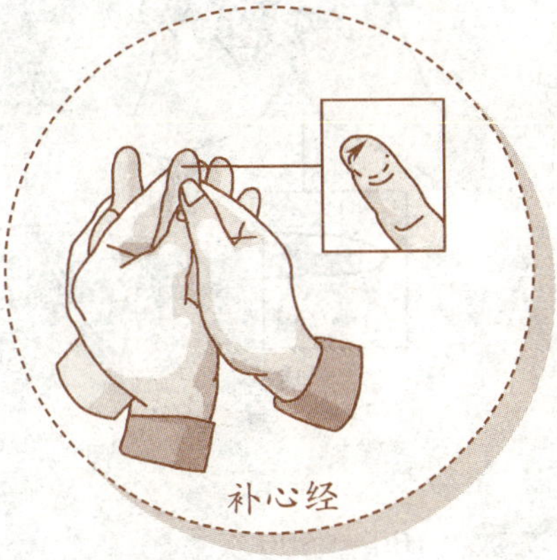

补心经

次数　100～300次。

功用　清心经能清热退心火。

主治　高热神昏、五心烦热、口舌生疮、小便赤涩、惊惕不安、夜啼、失眠等。

临床应用

组合推拿	主治
清心经、清肝经、清小肠、捣小天心、清天河水等	热性及神志异常病

万博士提示

◇本穴宜清不宜补，对心烦不安、睡卧露睛等症，需用补法时，可补后加清，或以补肾经代之。

◆ 肺经

面、线状结合穴位。

位置　无名指末节螺纹面。

操作　旋推为补，称补肺经；由指端向指根方向直推为清，称清肺经。补肺经、清肺经统称推肺经。

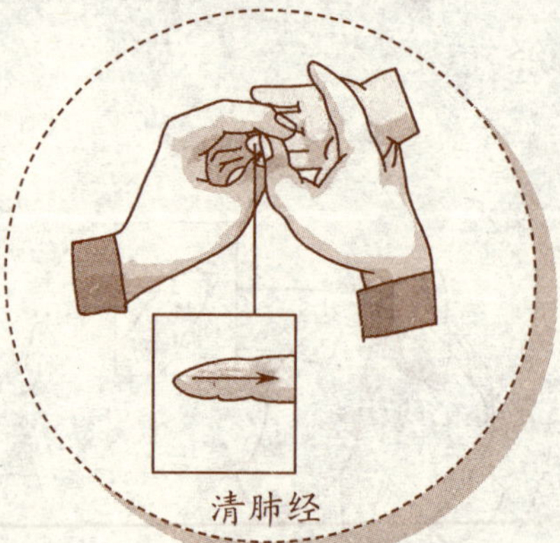

清肺经

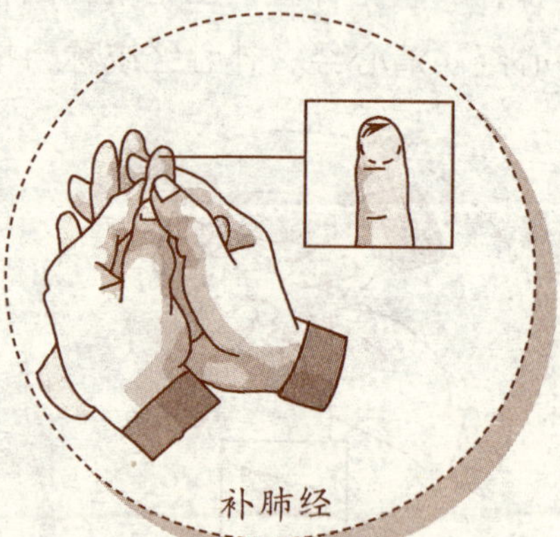

补肺经

次数　100～500次。

功用　补肺经能补益肺气；清肺经能宣肺清热，疏风解表，化痰止咳。

主治　感冒、发热、咳嗽、胸闷、气喘、虚汗、脱肛等。

临床应用

组合推拿	主治
补肺经、补脾经、补肾经、推三关、揉膻中、揉足三里	肺气虚损，咳嗽气喘，虚汗怕冷
清肺经、清天河水、治外感四大手法、按揉天突、推揉膻中、运内八卦	感冒发热、咳嗽气喘、痰鸣

万博士提示

◇本穴多采用清法，肺主气，补则气满，如见肺气虚者，可多推脾土，而益肺金。

◇肺炎、喘急禁用补法。

◇自汗、盗汗及脱肛可用补法。

◇小儿患有慢性腹泻，清肺经的时间要少，或不取本穴，用之不当，多见腹泻加剧。

◆ 肾经

面、线状结合穴位。

位置　小指末节螺纹面。

操作　由指根向指端方向直推为补，或旋推，称补肾经；由指端向指根方向直推为清，称清肾经。补肾经、清肾经统称推肾经。

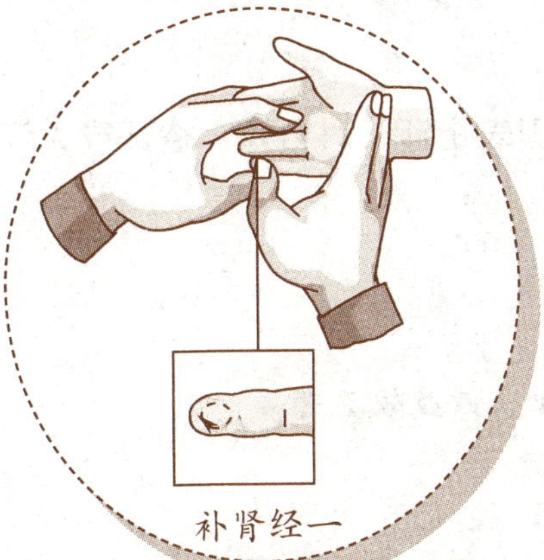
补肾经一

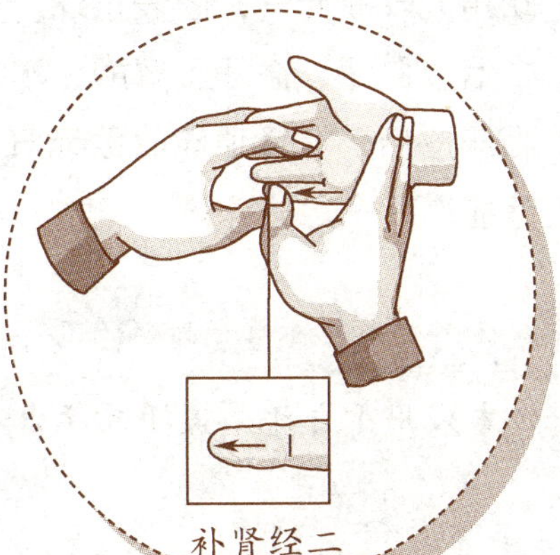
补肾经二

次数　100～500次。

功用　补肾经能补肾益髓，温养下元；清肾经能清利下焦湿热。

主治　先天不足，久病体虚，虚喘，肾虚腹泻、遗尿，膀胱蕴热，小便淋沥刺痛等。

临床应用

组合推拿	主治
补肾经、揉肾俞、揉丹田等	肾虚证

万博士提示

◇本穴宜补不宜泻，需泻时，以清小肠代之。

◇推补本穴，操作时间要长，有补肾之功，对于小儿先天不足所发生的病症，一般都有效。

◆ 肾顶

面状穴位。

位置　小指顶端。

操作

◇揉法　以中指或拇指指端按揉，称揉肾顶。

次数　100～300次。

功用　收敛元气，固表止汗。

主治　自汗、盗汗、解颅、水疝。

临床应用　揉肾顶能收敛元气、固表止汗，对自汗、盗汗或大汗淋漓不止等症均有一定的疗效。

万博士提示

◇本穴用于自汗、盗汗或汗出不止，疗效较显著。

◆ 大肠

线状穴位。

位置　食指桡侧缘，赤白肉际处，由指尖到指根。

操作　由食指指端直推向虎口为补，称补大肠；反之为清，称清大肠。补大肠、清大肠统称为推大肠。

补大肠

次数　100 ~ 300次。

功用　补大肠能涩肠固脱，温中止泻；清大肠能清利肠腑，除湿热、积滞。

主治　腹泻、脱肛、便秘。

临床应用

组合推拿	主治
补大肠、揉丹田、揉外劳宫、推三关等	脾虚泄泻、脱肛
清脾胃、清大肠、退六腑、摩腹等	积滞、便秘

万博士提示

◇本穴又称指三关，亦可用于诊断，即望指纹。

◇当腹泻严重时，应利小便为主，多推本穴则止泻过急，对孩子不利。

◇脾虚的孩子禁用清大肠。

◆ 小肠

线状穴位。

位置　小指尺侧缘，赤白肉际处，由指尖到指根。

操作　由指根向指端方向直推为清，称清小肠；反之为补小肠。清小肠、补小肠统称为推小肠。

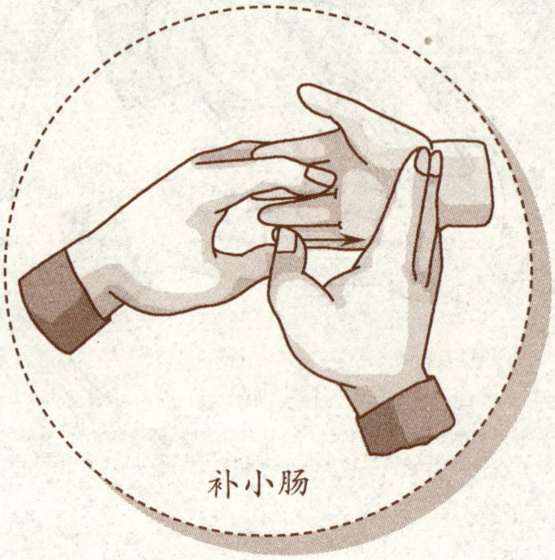

补小肠

次数　100 ~ 300次。

功用　清小肠能清利下焦湿热，泌清别浊。

主治　小便赤涩、尿闭、遗尿等。

临床应用

组合推拿	主治
清小肠、清天河水	小便赤涩
补小肠、揉丹田、揉肾俞等	遗尿、多尿

万博士提示

◇本穴宜清不宜补，需补时用补肾经代之。

◇附：利小便穴。自腕部到手掌尺侧缘，推向手指尖称为利小便穴。本穴治婴幼儿轮状病毒性腹泻最为有效，不但有通利小便之功，同时还有泌别清浊之能。又如心热下移于小肠，多见小便短赤，可配合揉小天心、揉二人上马、清天河水，有清心热、利尿作用。

◆ 四横纹（四缝穴）

短线状穴位。

位置　掌侧食指、中指、无名指、小指近节指间关节横纹处。

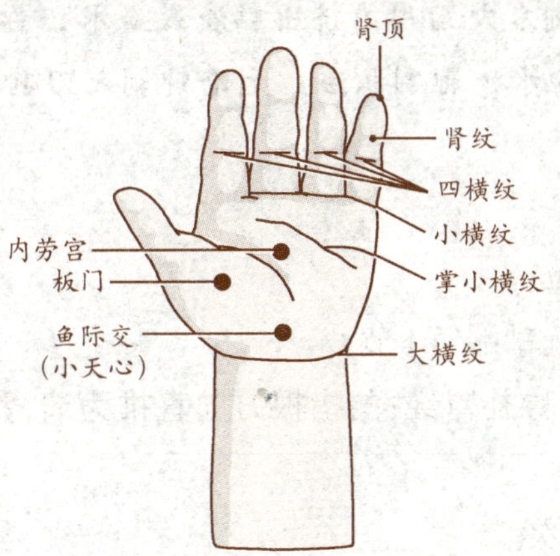

上肢部正面穴位图之二

操作

◇掐揉法　用拇指指甲逐个掐揉本穴（可掐1次、揉3次），称掐揉四横纹。

◇推法　用拇指螺纹面逐个纵向上下来回直推本穴，或使小儿四指并拢，在穴位上横向来回直推，称推四横纹。

次数　掐揉法：3～5次（掐1次、揉3次为掐揉1次）；推法：纵推为30～50次，横推为100～300次。

功用　掐四横纹能退热除烦，散瘀结；推四横纹能调中行气，和气血，消胀满。

主治　疳积、腹胀、厌食、咳喘、慢惊风、口唇破裂、发热、烦躁等。

临床应用

组合推拿	主治
掐揉四横纹、推脾经、捏脊、摩腹等	疳积
推四横纹、补脾经、揉中脘等	消化不良、疳积

万博士提示

◇本穴是治疗疳积的要穴，可以单穴使用。

◇可用三棱针点刺本穴后用力挤出黏液或血水，称刺积法。亦可用刀割破本穴位皮肤后挤血水，称割积法。无论针刺或刀割都应严格消毒。

◆ 胃经

面、线状结合穴位。

位置　拇指掌面近掌端第1节。

操作　旋推为补，称补胃经；向指根方向直推为清，称清胃经。补胃经、清胃经统称推胃经。

次数　100～500次。

功用　清胃经能清中焦湿热、和胃降逆，泻胃火、除烦止渴；补胃经能健脾和胃、助运化。

主治　呕呃嗳气、烦渴善饥、食欲不振、吐血衄血等。

临床应用

组合推拿	主治
清胃经、清脾经、推天柱骨、横纹推向板门等	脾胃湿热，或胃气不和所引起的上逆呕恶等症
清胃经、清大肠、退六腑、揉天枢、推下七节骨等	胃肠实热、脘腹胀满、发热烦渴、便秘纳呆
补胃经、补脾经、揉中脘、摩腹、按揉足三里等	脾胃虚弱、消化不良、纳呆腹胀等症

万博士提示

◇**本穴清胃热，降胃气，一般呕吐皆可用之。**

◆ 板门

面状穴位。

位置　拇指下，掌面大鱼际肌的中点，以指点之有大如豆粒的筋头，重按有酸麻感，为板门的部位。

操作

◇揉法　用拇指或中指指端揉本穴，称揉板门。

◇运法　用拇指或中指指端运本穴，称运板门。

◇推法　用中指或拇指螺纹面推本穴，自指根推向腕横纹，称板门推向横纹，反之称横纹推向板门，来回推，称清板门。

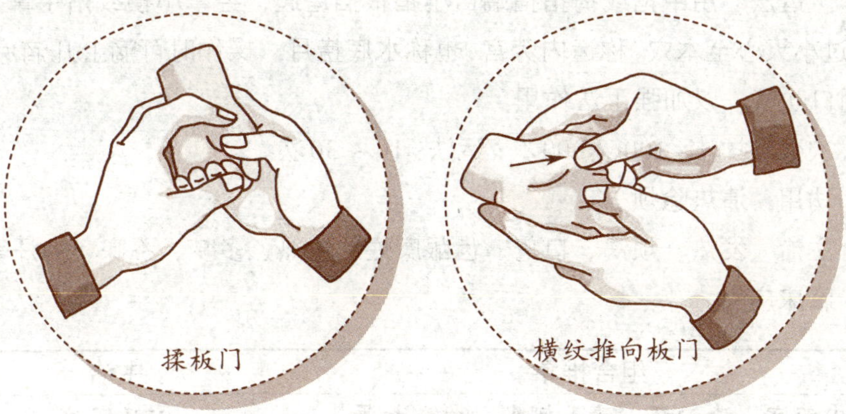

板门穴操作法

次数　100 ~ 300次。

功用　健脾和胃，消食化滞，调理气机。

主治　食积、腹胀、食欲不振、呕吐、腹泻、嗳气等。

临床应用

组合推拿	主治
清板门、按弦搓摩、摩腹、揉中脘、捏脊等	食积、腹胀、消化不良

万博士提示

◇板门为助消化的效穴。

◇板门推向横纹主升，主治腹泻。

◇横纹推向板门主降，主治呕吐。

◇小儿患口疮并见上牙龈红肿，或单见上牙龈红肿，清板门配合退下六腑，有清胃热、消牙龈红肿的作用。

◆ 内劳宫

面、线状结合穴位。

位置　掌心中，屈指时中指、无名指之间的中点。

操作

◇揉法　用中指指端揉本穴，称揉内劳宫。

◇运法　用中指或拇指指端自小指根掐运起，经掌小横纹沿手掌尺侧缘，过小天心至本穴，称运内劳宫，也称水底捞月。操作时可滴上几滴凉水，并用口吹气，以加强手法作用。

次数　揉法：100 ~ 300次；运法：10 ~ 30次。

功用　清热除烦。

主治　发热、烦渴、口疮、齿龈糜烂、虚热、多梦、不寐、盗汗等。

临床应用

组合推拿	主治
揉内劳宫、清心经、清天河水、推脊柱等	心经实热
水底捞月、清天河水、揉二人上马等	阴虚内热

◆ 内八卦（内八方）

面、线状结合穴位。

位置　手掌面，以掌心为圆心，从圆心至中指根横纹的2/3处为半径，所作圆周，八卦穴即在此圆周上（对小天心者为坎，对中指者为离，在拇指侧离至坎半圆的中心为震，在小指侧半圆的中心为兑）。共8个方位，即：乾、坎、艮、震、巽、离、坤、兑。

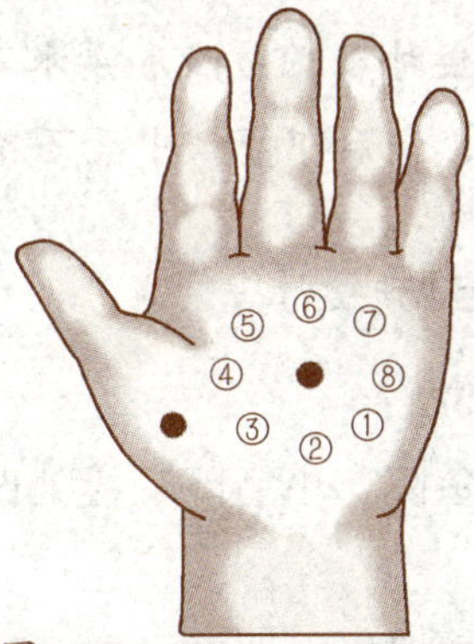

内八卦图

操作　运八卦有顺运、逆运和分运之分。家长一手持小儿四指以固定，掌心向上，拇指按定离卦，另手食、中两指夹持小儿拇指，拇指自乾卦运至兑卦，称顺运内八卦；若从兑卦运至乾卦，称逆运内八卦（运至离位时，应从拇指上运过，否则恐动心火）。

次数　100～300次。

功用　顺运内八卦：可使气上逆，促使呕吐；逆运内八卦：降气平喘。

主治　顺运内八卦：主治痰结喘嗽、乳食内伤、胸闷、腹胀及纳呆等症；逆运内八卦：主治痰喘、呕吐等。

临床应用

组合推拿	主治
顺运内八卦、推脾经、清肺经、揉板门、揉中脘等	痰结喘嗽、乳食内伤、胸闷、腹胀、呕吐及纳呆等症
逆运内八卦、补脾经、补肺经、推三关、推天柱骨、推膻中等	痰喘、呕吐

万博士提示

◇顺运，催吐、升温，用于寒证；逆运，降胃气，止吐，降温，用于热证。

◇本穴临床多用逆运法，以降胃气而止呕。

◇此外，婴儿出生时吞咽秽液和羊水不易吐出时，可用顺运法。小儿多食易饥，脾虚腹泻，食后即便，中气下陷，脱肛等，可用顺运法。

◆ 小天心（鱼际交）

点、面状结合穴位。

位置　掌根、大鱼际、小鱼际交接处凹陷中。

操作

◇揉法　用中指或拇指指端揉本穴，称揉鱼际交。

◇掐法　用拇指指甲掐本穴，称掐鱼际交。

◇捣法　用中指指端或屈曲的食指指间关节捣本穴，称捣鱼际交。

次数　揉法：100～300次；掐法：3～5次；捣法：100～300次。

功用　镇静安神，醒脑开窍，清热除烦。

主治　惊风、抽搐、烦躁不安、夜啼、嗜睡、精神委靡、小便短赤、斜视、目肿痛、发热。

临床应用

组合推拿	主治
揉小天心、清心经、清小肠、清天河水等	发热、小便短赤、目肿痛
掐小天心、捣小天心、清肝经、按揉百会、掐人中、掐老龙等	惊风、抽搐、烦躁不安、夜啼

万博士提示

◇本穴有双向调节作用，用快而重的捣法有兴奋作用，用慢而轻的捣法有抑制作用。

◇对疹、痘欲出不透以及恶疮毒疖等均有显效。

◆ 总筋（总位，总心，内窝风）

点、面状结合穴位。

位置　掌后腕横纹中点。

操作

◇揉法　用拇指或中指指端揉本穴，称揉总筋。

◇掐法　用拇指指甲掐本穴，称掐总筋。

次数　揉法：100～300次；掐法：3～5次。

功用　清心泻热，散结止痉。

主治　惊风、抽搐、夜啼、口舌生疮、发热烦躁、潮热、牙痛等。

掐总筋

临床应用

组合推拿	主治
揉总筋、清心经、清天河水	口舌生疮、发热烦躁、潮热、牙痛
掐总筋、捣小天心	惊风、抽搐、夜啼

万博士提示

◇本穴为治疗鹅口疮的主穴之一。尤其对舌尖、舌面口疮糜烂等疗效最好。

◆ 大横纹（手阴阳）

线状穴位。

位置　掌侧腕横纹。桡侧纹头尽端称阳池，尺侧纹头尽端称阴池。

操作

◇推法　①两拇指自掌侧腕横纹中央（总筋穴）向两旁分推，称分推大横纹，又称为分手阴阳；②自两旁（阳池、阴池）向中央（总筋）合推，称合手阴阳。

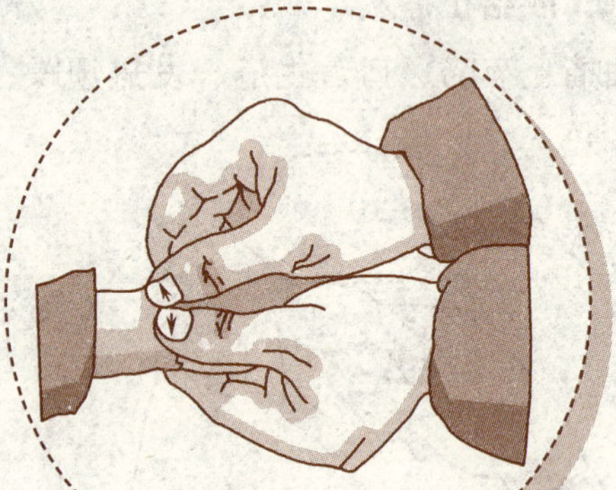

分手阴阳

次数　100 ~ 300次。

功用　平衡阴阳，调理气血，行滞消食，化痰散结。

主治　寒热往来、久病不愈、发病有定时、腹泻、腹胀、痢疾、呕吐、食积、烦躁不安、痰涎壅盛等。

临床应用

组合推拿	主治
合手阴阳、清天河水等	喘咳、胸闷

万博士提示

◇分手阴阳功专平衡阴阳，调和气血，消食化积。用于阴阳不调、气血不和而寒热往来、烦躁不安、腹胀、腹泻等症。实热证时，阴池宜重分，或独取阴池；虚寒证时，阳池宜重分，或独取阳池。

◇合手阴阳功专行痰散结，用于痰结喘咳、胸闷等症。

◆ 十宣（十王）

面状穴位。

位置　十指尖指甲内赤白肉际处。

操作

◇掐法　用拇指指甲掐本穴，称掐十宣。

次数　3～5次，或醒后即止。

功用　醒神开窍。

主治　惊风、高热、昏厥等。

临床应用

组合推拿	主治
掐十宣、掐老龙、掐人中、大推脊等	神志病的重症

万博士提示

本穴主要用于急救。遇高热惊厥时，可用三棱针刺破本穴放血。

◆ 老龙

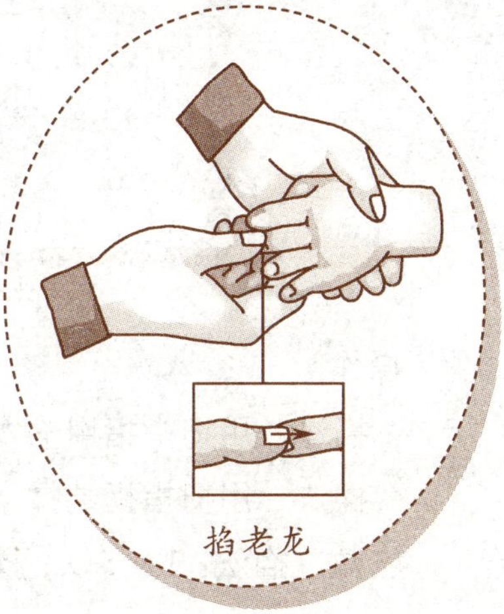

掐老龙

点状穴位。

位置　在手背面，距中指甲根正中约0.1寸处。

操作

◇掐法　用拇指指甲掐本穴，称掐老龙。

次数　3～5次，或醒后即止。

功用　醒神开窍。

主治　惊风、昏厥、抽搐。

临床应用

组合推拿	主治
掐十宣、掐左右端正、按百会等	**神志方面的急症、重症**

万博士提示

本穴主要用于急救，掐之知痛有声者，较易治；不知痛而无声者，一般难治。

◆ 端正（左、右端正）

点状穴位。

位置　中指甲根两侧赤白肉际处，桡侧称右端正，尺侧称左端正。

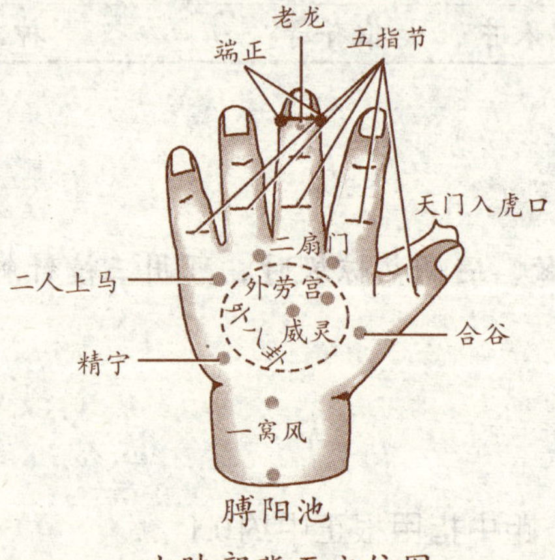

上肢部背面穴位图

操作

◇掐法　用拇指指甲掐本穴，称掐端正。

◇揉法　用拇指指端揉本穴，称揉端正。

次数　掐法：3 ~ 5次；揉法：30 ~ 50次。

功用 揉右端正能降逆止呕；揉左端正能升提。

主治 鼻衄、惊风、呕吐、腹泻、痢疾。

临床应用

组合推拿	主治
掐端正、掐老龙、清肝经	小儿惊风

万博士提示

◇本穴对鼻衄有效，方法用细绳由中指第3节横纹起扎至指端，扎好后，静卧即可。

◇揉右端正用于胃气上逆而引起的恶心、呕吐等；揉左端正用于水泻、痢疾等。

◆ 五指节

点状、短线状结合穴位。

位置 手背手指各关节处。

操作

◇掐或掐揉法 用拇指指甲逐个掐本穴，或掐后继以揉（可掐1次、揉3次）称掐或掐揉五指节。

◇揉搓法 拇指放在穴位上，食指放在掌面与穴位相对处，两指面逐个相对揉搓本穴，称揉搓五指节。

次数 掐（掐揉）法：3～5次；揉搓法：30～50次。

功用 安神镇惊，化痰通窍，降逆止咳。

主治 惊风、惊惕不安、喉中痰鸣、抽搐、夜啼、不寐、烦躁哭闹、吐涎、咳嗽痰多等。

临床应用

组合推拿	主治
掐五指节、掐老龙、掐十宣、揉百会等	神志异常时的重症急救
揉五指节、运八卦、推揉膻中等	胸闷、痰喘、咳嗽

万博士提示

◇ **掐五指节能加强各穴功能，为小儿推拿结束手法之一。**

◆ 二扇门

点状穴位。

位置　手背部中指掌指关节两侧凹陷处。

操作

◇掐法　用两拇指指甲掐本穴，称掐二扇门。

◇揉法　用单手食、中两指指端，或两拇指桡侧偏峰按揉本穴（宜重而快），称揉二扇门。

揉二扇门方法一

揉二扇门方法二

次数　掐法：3～5次；揉法：30～50次。

功用　发汗解表，定惊安神。

主治　身热无汗、受寒身痛、惊风抽搐、昏厥等。

临床应用

组合推拿	主治
按揉二扇门、拿风池、推三关	高热无汗
掐二扇门、掐五指节、掐老龙	惊风抽搐

万博士提示

本穴为发汗的特效穴，若遇小儿高热无汗，按揉1～2分钟，即可见汗出。对平素体虚外感的小儿可先固表（用补脾经、补肾经等），然后再揉掐二扇门使之发汗。

◆ 二人上马（上马、二马）

点状穴位。

位置　手背部无名指与小指掌指关节后凹陷中。

操作

◇揉法　用食指螺纹面放在掌面与穴位相对处，用拇指指端揉本穴，称揉二人上马。

◇掐法　用拇指指甲掐本穴，称掐二人上马。

次数　揉法：100～500次；掐法：3～5次。

功用　滋阴补肾，顺气散结，利水通淋。

主治　阴虚内热、烦躁不安、小便赤涩淋沥、虚热喘咳。

临床应用

组合推拿	主治
揉二人上马、补肾经，水底捞月	肾阴虚证
揉二人上马、揉膻中、揉小横纹、揉肺俞、补肾经等	久喘、久咳
揉二人上马、推小横纹（掌侧，食指、中指、无名指、小指掌指关节横纹处，由拇指侧直推至小指侧）	肺部感染有干啰音久不消失

万博士提示

◇本穴为滋阴的要穴，可治疗一切阴虚证。

◇本穴为治疗尿痛的效穴。

◆ 外劳宫

面、线状结合穴位。

位置　手背部，与内劳宫穴相对。

操作

◇揉法　用指揉法，称揉外劳宫。

◇掐法　用指甲掐，称掐外劳宫。

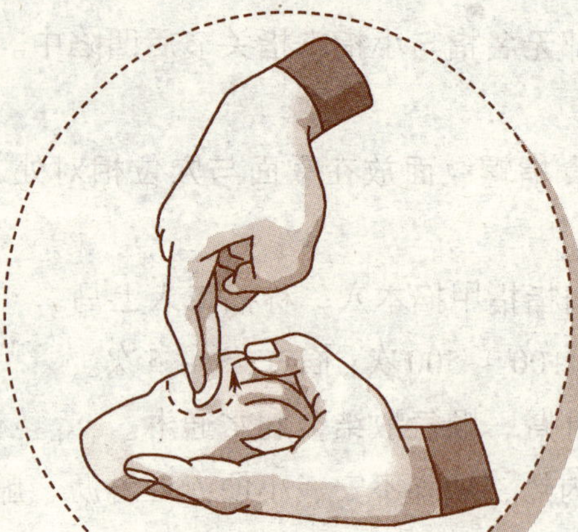

揉外劳宫

次数　揉法：100 ~ 300次；掐法：3 ~ 5次。

功用　温阳散寒，发汗解表，升阳举陷。

主治　风寒感冒（发热无汗，身痛畏寒，咳嗽白痰，鼻塞，流清涕），肠鸣腹泻，腹痛腹胀，脱肛遗尿，疝气，痢疾等。

临床应用

组合推拿	主治
揉外劳宫、头面部四大手法、拿风池等	外感实寒证
揉外劳宫、推三关、揉脐、摩丹田等	虚寒里证

万博士提示

◇本穴为补元阳主穴，性温，内达外散，温通之中又有收敛之功，温散而不过，为温举之佳穴，主治一切寒证。揉不计数，以愈为度。

◆ 威灵

点状穴位。

位置　手背，第2、第3掌骨交接凹陷处。

操作

◇掐法　用拇指指甲掐本穴，称掐威灵。

掐威灵

次数　3～5次，或醒后即止。

功用　醒神开窍。

主治　惊风、昏厥、抽搐等。

临床应用　多与他穴合用。

组合推拿	主治
掐威灵、掐五指节、掐十宣等	惊风、昏厥、抽搐

万博士提示

◇本穴主要用于神志异常时的重症急救。

◆ 精宁

点状穴位。

位置　手背，第4、第5掌骨交接凹陷处。

操作

◇掐法　用拇指指甲掐本穴，称掐精宁。

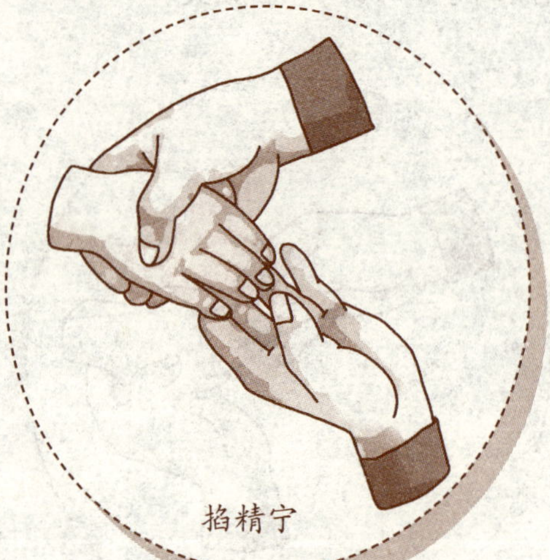

掐精宁

次数　3～5次。

功用　醒神开窍，行气化痰。

主治　惊风、昏厥、抽搐、痰喘、气吼、干呕、疳积、口眼㖞斜等。

临床应用

组合推拿	主治
掐精宁、掐威灵、掐老龙等	惊风、昏厥、抽搐

万博士提示

◇本穴主要用于急救。

◇多用于痰食积聚、气吼痰喘、干呕、疳积等症。

◇本法于体虚者宜慎用，多与补脾经、推三关、捏脊等合用，以免克削太甚，元气受损。

◆ 外八卦（外八方）

面、线状结合穴位。

位置　手背，外劳宫周围，与内八卦相对的圆周。

操作

◇运法　用拇指螺纹面在穴位上做顺时针方向的运法，称运外八卦。

次数　100～300次。

功用　宽胸理气，通滞散结。

主治　胸闷、腹胀、便秘、咳喘等。

临床应用

组合推拿	主治
运外八卦、摩腹、推膻中、按弦搓摩	气机不畅诸症

万博士提示

顺运外八卦能促进肠蠕动，消除腹胀，对肠麻痹有效。

◆ 合谷

点、面状结合穴位。

位置　位于手背虎口处，于第1掌骨与第2掌骨间凹陷中。合谷简便取穴：以一手的拇指指间关节横纹，放在另一手拇指、食指之间的指蹼缘上，当拇指尖下是穴。

操作

◇掐法：用拇指与食指对称用力，掐合谷穴，称掐合谷。

掐合谷

◇揉法：用拇指与食指对称用力，揉合谷穴，称揉合谷。

次数　掐法：3～5次；揉法：100～300次。

功用　通郁散结，降胃气，清咽喉，止痛。

主治　咽喉肿、牙痛、胃气上逆、呕吐、口眼㖞斜等。

临床应用

组合推拿	主治
揉合谷、揉颊车	牙痛
揉合谷、揉太阳	头痛
揉合谷、揉太冲	目赤肿痛
揉合谷、揉迎香	鼻疾
揉合谷、揉少商	咽喉肿痛
揉合谷、揉地仓、揉颊车	口眼㖞斜

万博士提示

本穴是治疗咽喉肿痛和牙齿痛的效穴。对呕吐、恶心也有一定的疗效，一般先采用掐法再继之以揉法。

◆ 一窝风（乙窝风）

点、面状结合穴位。

位置　手背，腕横纹正中凹陷中。

操作

◇揉法　用中指或拇指指端重揉本穴，称揉一窝风。

◇掐法　用拇指指甲掐本穴，称掐一窝风。

次数　揉法：100～300次；掐法：3～5次。

功用　温中行气，止痛散寒，安神镇静。

主治　腹痛、肠鸣、关节痹痛、伤风感冒、无汗身痛、惊风、昏厥、抽搐等。

临床应用

组合推拿	主治
掐一窝风、掐十宣、掐老龙、揉百会等	神志疾病

万博士提示

◇本穴为止腹痛要穴，可与拿肚角、摩腹合用。

◇本穴也可解表发汗，但汗出量没有二扇门多，如患儿发热在40℃左右，选择二扇门比较好，如发热在38℃左右，选择一窝风。

◆ 膊阳池

点、面状结合穴位。

位置　手背，一窝风后2寸处。

操作

◇掐法　用拇指指甲掐本穴，称掐膊阳池。

◇揉法　用中指或拇指指端揉，称揉膊阳池。

次数　掐法：3～5次；揉法：100～300次。

功用　止头痛，通大便，利小便。

主治　头痛、便秘、小便短赤等。

临床应用

组合推拿	主治
揉膊阳池、推下七节骨、摩腹	便秘

万博士提示

头部一切疾患，头痛不论寒热虚实皆有效，揉不计数，以愈为度。

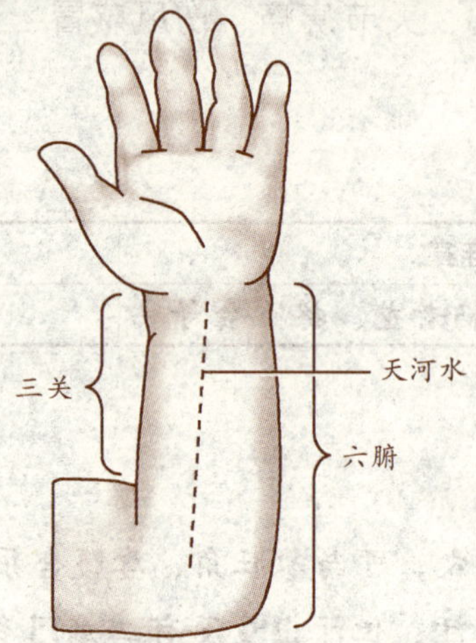

上肢部正面穴位图之三

◆ 三关

线状穴位。

位置　前臂桡侧，阳池至曲池呈一直线。

操作

◇推法　用拇指桡侧面或食、中两指螺纹面自腕推向肘，称推三关，或称推上三关；屈小儿拇指，自拇指桡侧推向肘，称大推三关。

次数 100～300次。

推三关

功用　温阳散寒，发汗解表，补益气血。

主治　气血虚弱、病后体弱、阳虚肢冷、腹痛、腹泻、疹出不透及感冒风寒等一切虚、寒病症。

临床应用

组合推拿	主治
推三关、补脾经、揉丹田、捏脊	虚寒诸症
推三关、清肺经、掐揉二扇门等	感冒风寒，怕冷无汗或疹出不透等症

万博士提示

◇用本穴透疹时，宜久推之。

◇本穴性热或大热，有助气活血作用，与脾经一起操作，可以加强补益作用。

◆ 六腑

线状穴位。

位置　前臂尺侧，阴池至少海呈一直线。

操作

◇推法　用拇指或食、中两指螺纹面自肘推向腕部，称推（退）六腑，或退下六腑。

次数　100～300次。

功用　清热，凉血，解毒。

主治　一切实热证。高热、烦渴、惊风、咽痛、木舌、腮腺炎、大便秘结等。

临床应用

组合推拿	主治
退下六腑、清肺经、清心经、清肝经、推脊等	一切实热证

万博士提示

◇退下六腑性寒凉，可用于一切实热证。

◇退下六腑与推三关为大凉大热之法，可单用，亦可合用。若患儿气虚体弱，畏寒怕冷，可单用推三关；如高热烦渴，可单用退六腑。两穴合用能平衡阴阳，防止大凉大热，伤其正气。如寒热夹杂，以热为主，则退六腑与推三关之比为3∶1；若以寒为重，则推三关与退六腑之比为3∶1。

◆ 天河水

线状穴位。

位置　前臂正中，总筋至洪池（曲泽）呈一直线。

操作

◇推法　用食、中两指螺纹面自腕推至肘，称清天河水。如自内劳宫开始推至肘，称大清天河水。

◇弹打法　用食、中两指自总筋处一起一落弹打直至曲泽，同时可口吹气随之，称打马过天河水（打马过天河）。

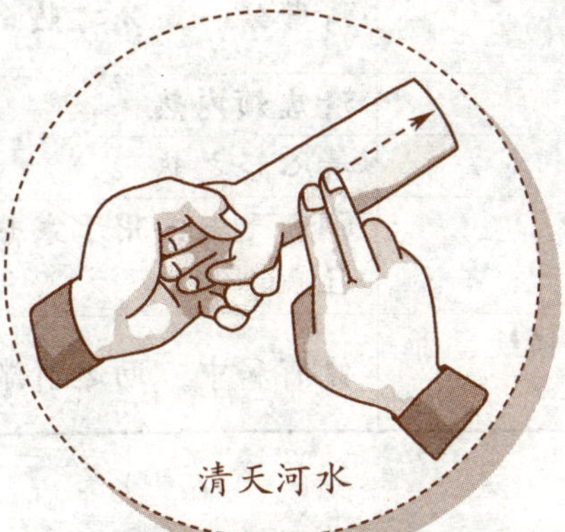
清天河水

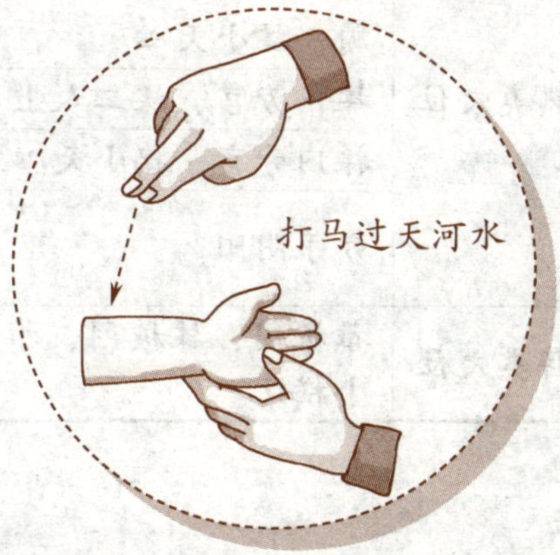
打马过天河水

次数　推法100～300次；弹打法：3～7次。

功用　清热解表，泻火除烦。

主治　一切热证。外感发热、内伤发热、阴虚潮热、烦躁不安、口渴、弄舌、重舌、惊风、口舌生疮等。

临床应用

组合推拿	主治
大清天河水及打马过天河、退六腑、推脊等	实热证
清天河水、清肺经、推攒竹、推坎宫、揉太阳等	外感发热
清天河水、清心经、清肝经、揉涌泉等	内热证

万博士提示

◇**打马过天河水的清热作用大于大清天河水，大清天河水的清热作用**

大于清天河水，清天河水清热而不伤正、不伤阴，故可治疗一切虚实之热证。

上肢部穴位功能小结

	组合推拿	功效
用于本脏腑病症的诸穴	脾经、肝经、心经、肺经、肾经、胃经、大肠经、小肠经	补法能补其不足，清法能泻其有余
清热类穴位	掐揉二扇门、清天河水、推三关	治外感发热
	清天河水、打马过天河、退下六腑、揉小天心	清营分、血分之热
	揉内劳宫、揉二人上马	清虚烦内热
	揉内劳宫、捣小天心	清心经之热
	分手阴阳	调和气血，用于寒热往来
健脾类穴位	推板门、揉板门、推四横纹、推小横纹	健脾和中、助运消滞

下肢部穴位

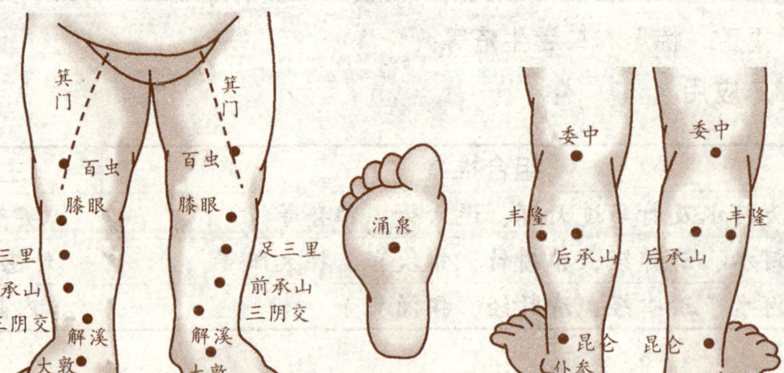

下肢部穴位

◆ 箕门

线状穴位。

位置　大腿内侧，髌骨上缘至腹股沟中点呈一直线。

操作

◇推法　用食、中两指螺纹面自髌骨上缘推至腹股沟中点，称推箕门。

次数　100～300次。

功用　利尿。

主治　小便赤涩不利、尿闭、水泻等。

临床应用

组合推拿	主治
推箕门、揉关元、揉丹田、按揉三阴交等	尿潴留
推箕门、清小肠穴	小便赤涩不利

◆ 百虫（血海）

点状穴位。

位置　膝上内侧肌肉丰厚处，髌骨内上缘2.5寸处。

操作

◇按揉法　用拇指或中指指端按揉本穴，称按揉百虫。

◇拿法　将拇指放在本穴上，中指或四指放于大腿外侧，对拿本穴（同时拿双侧穴位），称拿百虫。

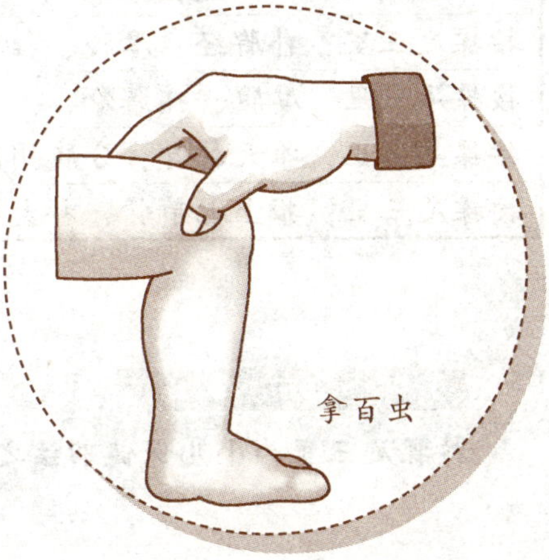

拿百虫

次数　按揉法：30～50次；拿法：3～5次。

功用　通经络，止抽搐。

主治　惊风抽搐、昏迷不醒、下肢瘫痪、痹痛等。

临床应用

组合推拿	主治
按揉百虫、按揉足三里、拿委中、揉膝眼等	下肢瘫痪、痹痛
拿百虫、掐十宣、掐老龙等	惊风抽搐、昏迷不醒

万博士提示

◇用本穴治疗下肢瘫痪、痹痛时，多用按揉法。

◇用于急救时，宜用重强度的拿法。

◆ 足三里

点状穴位。

位置　外膝眼下3寸，胫骨前嵴外一横指处。

操作

◇按揉法　用拇指指端按揉本穴（双侧同时操作），称按揉足三里。

次数　50～100次。

功用　健脾和胃，调中理气，导滞通络。

主治　恶心呕吐、腹痛、腹泻、腹胀、厌食、疳积、下肢痿软乏力等。

临床应用

组合推拿	主治
按揉足三里、补脾经、摩腹、捏脊	强身保健
按揉足三里、摩腹、揉脾俞	腹胀、腹痛
按揉足三里、推天柱骨、分腹阴阳	呕吐
按揉足三里、推上七节骨、补大肠	脾虚腹泻

万博士提示

按揉足三里为小儿保健四法之一。

◆ 膝眼

点状穴位。

位置　屈膝，髌骨下缘，髌韧带两侧凹陷中，外侧为外膝眼，内侧为内膝眼。

操作

◇按揉法　用双手拇指或单手食、中两指指端同时按揉内、外膝眼，称按揉膝眼。

◇掐法　用双手大拇指指甲同时掐内、外膝眼，称掐膝眼。

次数　按揉法：5～10次；掐法：3～5次。

功用　舒筋活络，定惊止抽。

主治　下肢痿软、惊风抽搐、昏迷不醒等。

临床应用

组合推拿	主治
按揉膝眼、按揉足三里、拿委中、按揉百虫等	下肢痿软
掐膝眼、掐十宣、掐五指节、揉百会等	惊风抽搐、昏迷不醒

万博士提示

膝眼用于急救，宜用重强度的掐法。

◆ 前承山

点状穴位。

位置　胫骨前缘外侧膝下8寸处。

操作

◇揉法　用中指或拇指指端揉本穴，称揉前承山。

◇掐法　用拇指指甲掐本穴，称掐前承山。

◇拿法　将拇指放在穴位上，其余四指放在后承山穴上，相对用力拿本穴，称拿前承山。

次数　揉法：50～100次；拿法及掐法：3～5次。

功用　镇惊止抽。

主治　惊风、抽搐、角弓反张、昏迷不醒等。

临床应用

组合推拿	主治
拿前承山、拿委中、按百虫、掐解溪等	角弓反张、下肢抽搐
掐前承山、掐十宣、掐威灵、掐二扇门等	神志病重症的急救

◆ 丰隆

点状穴位。

位置　外踝上8寸，胫骨前缘外侧1.5寸，胫腓骨之间。

操作

◇揉法　用拇指或中指指端揉本穴，称揉丰隆。

次数　50～100次。

功用　和胃气，化痰湿。

主治　痰鸣、咳嗽、气喘等。

临床应用

组合推拿	主治
揉丰隆、揉膻中、揉肺俞、运内八卦等	痰涎壅盛、咳嗽、气喘

万博士提示

本穴为化痰要穴。

◆ 三阴交

点状穴位。

位置　内踝直上3寸，胫骨后缘凹陷中。

操作

◇按揉法　用拇指或中指指端按揉本穴，称按揉三阴交。

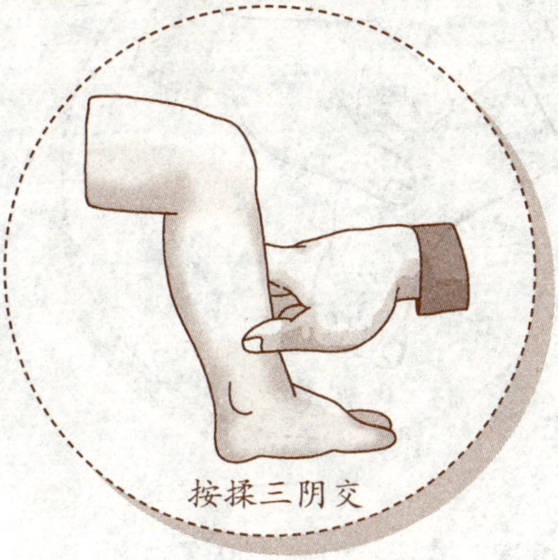
按揉三阴交

次数　100～300次。

功用　补益气血，通调水道。

主治　遗尿、癃闭、小便频数、尿赤涩痛、下肢痿软、贫血乏力等。

临床应用

组合推拿	主治
按揉三阴交、补脾经、揉丹田、推箕门、补肾经等	泌尿系统疾病
按揉三阴交、按揉足三里、捏脊、摩腹等	气血不足诸症

万博士提示

本穴治疗泌尿系统疾病有较好的疗效。

◆ 解溪

点状穴位。

位置　踝关节前横纹中点，趾长伸肌腱和踇长伸肌腱之间凹陷中。

操作

◇掐法　用拇指指甲掐本穴，称掐解溪。

◇揉法　用拇指指端揉本穴，称揉解溪。

掐解溪

次数　掐法：3 ~ 5次；揉法：50 ~ 100次。

功用　定惊癫，止吐泻，利关节。

主治　惊风、吐泻不止、踝关节屈伸不利。

临床应用

组合推拿	主治
掐解溪、掐十宣、掐涌泉	惊风
揉解溪、推天柱骨、揉中脘、横纹推向板门等	呕吐
揉解溪、推上七节骨、揉脐、摩腹、揉龟尾等	腹泻

◆ 大敦

点状穴位。

位置　足大趾外侧甲根与趾关节之间。

操作　用拇指指甲掐，称掐大敦。

次数　5 ~ 10次。

功用　解痉息风。

主治　惊风、四肢抽搐。

临床应用

组合推拿	主治
掐大敦、掐老龙、掐十宣	惊风、四肢抽搐

◆ 委中

点状穴位。

位置　腘窝中央，股二头肌肌腱与半腱肌肌腱之间。

操作

◇拿法　拇指放在膝关节前方与委中相对处，食指放在穴位上，两指提拿钩拨腘窝中筋腱，称拿委中。

拿委中

次数　3～5次。

功用　定惊止抽，疏通经脉。

主治　惊风抽搐、下肢痿软。

临床应用

组合推拿	主治
拿委中、按百虫、掐老龙等	惊风抽搐
拿委中、揉足三里、拿后承山、按揉膝眼等	下肢痿软

◆后承山（承山）

点状穴位。

位置　腓肠肌肌腹下凹陷中。

操作

◇拿法　拇指放在穴位上，其余四指放在胫前与本穴相对处，用力对拿本穴，称拿后承山。

◇推法　用拇指螺纹面在小腿肌腹上向上或向下直推，向上直推称推上承山，向下直推称推下承山。

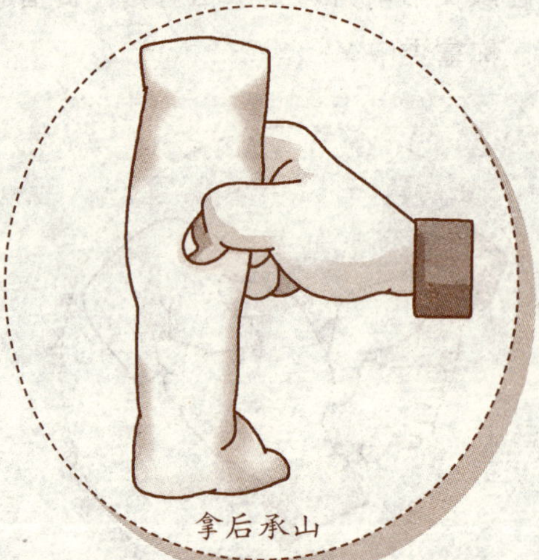

拿后承山

次数　拿法：3～5次；推法：30～50次。

功用　止抽搐，通经络，止腹泻，通大便。

主治　腿痛转筋、下肢痿软、腹泻、便秘等。

临床应用

组合推拿	主治
拿后承山、拿委中、按揉足三里、掐十宣等	腿痛转筋
推上承山、摩腹、揉脐、推上七节骨等	腹泻
推下承山、拿肚角、推下七节骨、揉龟尾等	便秘

◆ 昆仑

点状穴位。

位置　外踝后缘与跟腱内侧之间的凹陷中。

操作

◇掐法　用拇指指甲掐本穴，称掐昆仑。

次数　3～5次。

功用　解肌通络，强腰补肾。

主治　头痛、惊风。

临床应用

组合推拿	主治
掐昆仑、拿委中、拿承山等	腰痛、下肢痉挛
掐昆仑、拿仆参等	足跟痛、足内翻

◆ 仆参

点状穴位。

位置　足外踝下凹陷中。

操作　拿或掐本穴，称拿仆参、掐仆参。

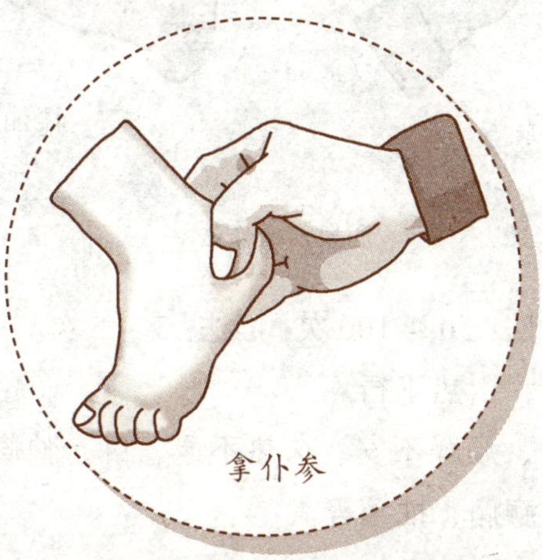

拿仆参

次数　3～5次。

功用　益肾健骨，舒筋活络，安神定志。

主治　昏厥、惊风。

临床应用

组合推拿	主治
掐仆参、掐人中、掐老龙等	昏厥

◆ 涌泉

点、线状结合穴位。

位置　屈趾，在足掌心前1/3与后2/3交界处“人”字凹陷中。

操作

◇推法　用拇指螺纹面向足趾方向直推，称推涌泉。

◇揉法　用中指或拇指指端揉本穴，称揉涌泉。

◇掐法　用拇指指甲掐本穴，称掐涌泉。

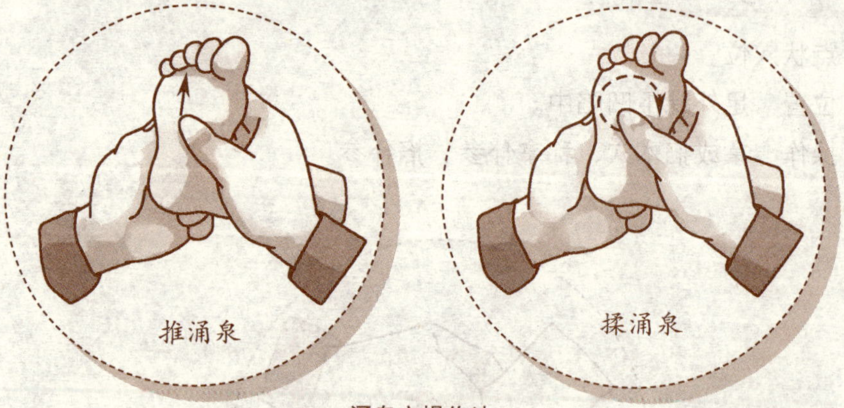

涌泉穴操作法

次数　推法及揉法：50～100次；掐法：3～5次。

功用　安神除烦，引热下行。

主治　五心烦热、烦躁不安、久热不退、目赤肿痛、潮热虚火、口舌生疮、神昏、惊风、癫痫、抽搐等。

临床应用

组合推拿	主治
推涌泉、揉二人上马、运内劳宫等	退虚热（五心烦热、烦躁不安）
推涌泉、推脊、退下六腑、清天河水等	退实热
掐涌泉、捣小天心、掐五指节、按揉百会等	惊风、抽搐

万博士提示

◇推涌泉能引火归原。

◇揉涌泉能治吐泻，左揉止吐，右揉止泻。

下肢部穴位功能小结

组合推拿	主治
百虫、承山、前承山、解溪、委中、仆参诸穴	治疗惊风抽搐和下肢转筋，亦能治下肢痿痹诸症
箕门、三阴交	尿闭、小便不利等泌尿系统疾病
足三里	消化系统疾病
丰隆	化痰湿，止咳平喘
推涌泉	不仅能退实热，也能除虚热

第七讲

了解小儿生理、病理特点，有助于辨证取穴

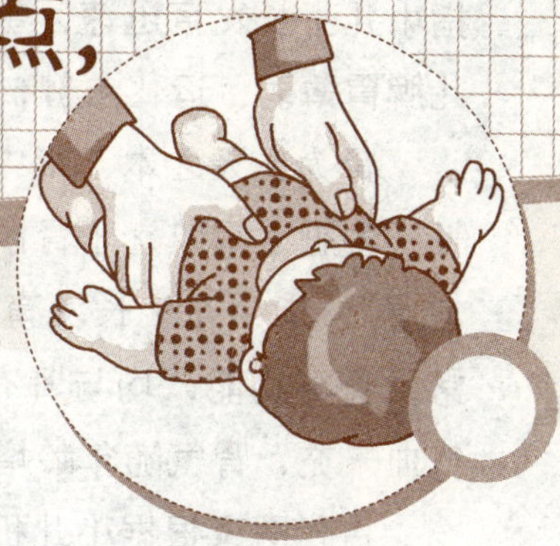

小儿自初生到成年，处于不断生长发育过程中，其身体的各种组织器官、各种生理功能都处于尚未成熟的状态，随年龄增长，才逐渐趋于完善。这种不成熟状态，年龄越小，表现越显著，因此不能简单地把小儿看成是成人的缩影。

中医对小儿生理、病理特点的认识，归纳起来如下：生理特点主要表现为脏腑娇嫩、形气未充和生机蓬勃、发育迅速；病理特点主要表现为发病容易，传变迅速，易于康复。了解小儿的生理、病理特点，对疾病防治有极其重要的意义。

生理特点

◆ 脏腑娇嫩，形气未充

脏腑即指五脏六腑，形气是指形体结构、精血津液和气化功能。

脏腑娇嫩，形气未充，说明小儿出生之后，五脏六腑均较娇嫩脆弱，其形体结构、精血津液和气化功能都是不够成熟和相对不足的。脏腑娇嫩，虽五脏六腑形气皆属不足，但尤以肺、脾、肾三脏更为突出。

肺主一身之气，外合皮毛腠理。小儿“肺常不足”，指肺脏娇嫩，则

卫外不固，而易为外邪所侵；肺之气赖脾散发之精微充养，脾健肺卫则能自固，反之脾虚则肺气亦弱。

脾为后天之本，主运化水谷精微，为气血生化之源。小儿“脾常不足”，指小儿生长发育迅速，生长旺盛，对气血精微需求较成人相对为多，但小儿脾胃薄弱，运化未健，饮食稍有不节，便易损伤脾胃而患病。

肾为先天之本，肾中元阴元阳为生命之根，关系到人的禀赋体质与成长，各脏之阴取之于肾阴的滋润，各脏之阳依赖于肾阳之温养。小儿“肾常虚”，指小儿生长发育，抗病能力以及骨髓、脑髓、发、耳、齿等的正常发育与功能，均与肾有关。小儿初生正处于生长发育之时，肾气未盛，气血未充，肾气随年龄增长而逐渐充盛，此即小儿“肾常虚”的含义。

古代医家根据小儿机体的这些特殊表现，提出了“稚阴稚阳”的观点，认为小儿机体是“稚阳未充，稚阴未长”。这里的“阴”，一般是指体内精、血、津液等物质，而“阳”是指体内脏腑的各种生理功能和活动。故“稚阴稚阳”说明小儿无论在物质和生理功能方面，都是幼稚和不完善的，处于不断生长发育过程中。

◆ 生机蓬勃，发育迅速

生机蓬勃，发育迅速，主要是指小儿机体如萌土之幼芽，在正确的哺育下，将得到迅速生长。在生长发育的过程中，从体格、智慧以至脏腑功能，均不断趋向完善和成熟，年龄越小，其生长发育的速度也就越快。

古代医家观察到小儿这种生机蓬勃、发育迅速的动态变化，提出了小儿为纯阳之体的观点。

所谓“纯阳”，指的是阳气兴旺之意。我国现存最早的儿科著作《颅囟经》中，首先提出了“孩子三岁以内，呼为纯阳”的说法，生机属阳，阳生则阴长。当然“纯阳”并不等于是“盛阳”，也不是有阳无阴。“纯阳”主要体现小儿机体生机蓬勃、发育迅速这一生理现象，也就是说由于小儿机体生长发育迅速，对水谷精气之需求格外迫切，在机体阳生阴长的新陈代谢过程中，常常表现为阳气的旺盛，而常常相对感到阴液的不足。小儿机体也正是由于这种阳气旺盛的生理过程，才能使其以成人无法比拟的生长速度发育成长，犹如旭日之初升、草木之方萌。

总之，“稚阴稚阳”和“纯阳”两个观点，是用来概括小儿机体生理功能的两个方面。前者是指小儿机体柔弱，阴和阳两气与成人相较均属不足；后者则是指小儿机体在生长发育的过程中，由于生机蓬勃，往往阴液相对不足，水谷精微需求相对要多而言。两者代表了小儿生理特点的两个方面，这也是小儿不同于成人的特殊性。

病理特点

◆ 发病容易

小儿脏腑娇嫩，形气未充，阴阳二气均属不足，年龄越小，脏腑娇嫩的表现就越突出。所谓“稚阳体，邪易干”。由于小儿卫外功能较差，对外邪的抵抗能力弱，加上其对寒热不能自调，乳食不能自节，一旦调护失宜，则外易为六淫之邪侵袭，内易为饮食所伤，故容易生病。小儿发病容易，突出表现在肺、脾、肾系疾病及传染病方面。

◇肺为娇脏，其位置最高。肺的功能主宣发肃降，司呼吸，主一身之气。小儿之肺气宣发肃降功能不完善，卫表未固，易感受外邪。六淫外邪之气，不论是从口鼻而入，还是从皮毛而受，均易先犯于肺，引发感冒、咳嗽、肺炎喘嗽、哮喘等肺系病症，使肺系疾病成为儿科发病率最高的一类疾病。

◇小儿“脾常不足”，其脾胃之体成而未全、脾胃之气全而未壮。因小儿处于快速的生长发育阶段，脾为后天之本、气血生化之源，需为小儿迅速成长提供物质基础。小儿脾胃的功能状态与小儿快速生长发育的需求常常不相适应，故而由于乳食失节、食物不洁、脾运失健等因素导致的呕吐、腹泻、腹痛、积滞、厌食等脾系病症较为常见，其发病率在儿科仅次于肺系病症而居第二位。

◇小儿“肾常虚”，是针对小儿“气血未充，肾气未固”而言。肾藏精，主骨，为先天之本。肾的这种功能对身形尚未长大、多种生理功能尚未成熟的小儿更为重要，它直接关系到小儿骨、脑、发、耳、齿的功能及形态，关乎生长发育和性功能成熟。因而临床多能见到肾精失充、骨骼改变的疾病，如小儿五迟、五软、解颅、遗尿、水肿等。

◇小儿形气未充，御邪抗邪的能力较弱，易于感受各种时邪疫毒。邪从鼻入，肺卫受袭，形成麻疹、流行性腮腺炎、水痘等传染病；邪从口入，脾胃受邪，导致痢疾、霍乱、肝炎等传染病。传染病一旦发生，又易于在儿童中相互染易，造成流行。

◇小儿病理特点的另一方面表现为“心常有余”、“肝常有余”，这是指儿科临床上既易见心惊，又易见肝风的病症。小儿生理上心神怯弱、肝气未盛，病理上易感外邪、各种外邪均易从火化，因此，易见火热伤心生惊、伤肝引动肝风的证候。

◆ 传变迅速

小儿不仅发病容易，而且变化迅速，寒热虚实的变化比成人更为迅速，更显复杂，具体表现为易虚易实、易寒易热的特点。

“易虚易实”是指小儿患病之初常见邪气呈盛势的实证，但由于其正气易伤而虚，可迅速出现正气被损的虚证或虚实相兼之证。如小儿不慎感受外邪而患感冒，可以迅速发展成为肺炎喘嗽，皆属实证；若此时邪热炽盛，正气不支，可以产生正虚邪陷、心阳虚衰的虚证，或夹有气滞血瘀的虚实夹杂证。又如小儿腹泻，起病多由乳食不节或湿热邪气所致，可见腹痛腹胀、发热吐泻、舌苔厚腻等，属实热之证；若失治误治，或邪毒枭张，正不敌邪，则易迅速出现气阴两伤或阴竭阳脱之变证。

“易寒易热”是指在疾病过程中，由于小儿“稚阴未长”易见阴伤阳亢，表现为热证；小儿“稚阳未充”易见阳气虚衰，表现为寒证。小儿易寒易热常与易虚易实交替出现，在病机转化上，形成寒证、热证迅速转化，或夹虚或夹实。如小儿风寒外束的表寒实证，易转化为外寒里热，甚至邪热入里的实热证；失治或误治易转变为阳气虚衰的虚寒证，或阴伤内热的虚热证等。

◆ 易于康复

与成人相比，小儿脏腑少七情之伤，无色欲之念，加之小儿的机体生机蓬勃，脏腑之气清灵，随拨随应，对各种治疗反应灵敏；又小儿宿疾较少，病情相对单纯。因而，小儿为病虽具有发病容易、传变迅速的特点，但一般来说，病情好转的速度较成人为快，疾病治愈的可能也较成人为大。例如：小儿感冒、咳嗽、腹泻等病症多数发病快、好转也快，小儿哮喘、癫痫、阴水等病症虽病情缠绵，但其预后较成人相对为好。

第八讲

巧用小儿推拿，治疗小儿常见病症

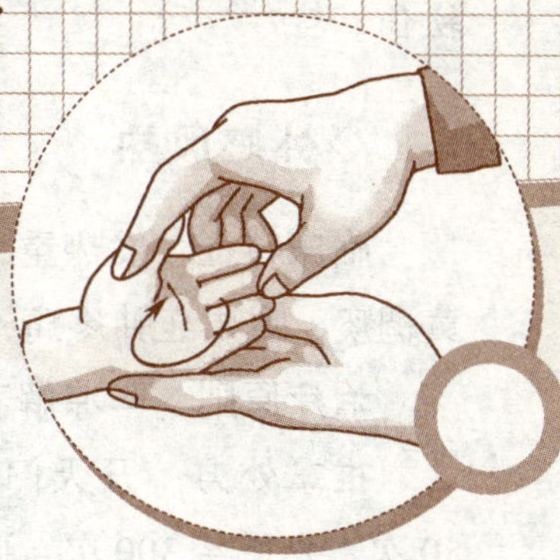

对于体虚孩子，家长能做的有小儿推拿和食疗。现在，很多西医医生担心抗生素的不良反应，来找我为他们的孩子或者朋友的孩子看病，选择服用中药和接受小儿推拿。

发　热

发热是指小儿体温异常升高，是临床常见的一种症状。一般分为外感发热、食积发热、阴虚发热、惊恐发热4种。

◆ 外感发热

◇外感风寒

临床特征　发热，恶寒，无汗，鼻塞，流清涕，喷嚏，咳嗽，清稀痰，头痛，咽喉痒，舌苔薄白，脉浮紧，指纹浮而鲜红。

治疗原则　辛温解表。

推拿处方　开天门50次，推坎宫50次，揉太阳50次，揉耳后高骨50次，推上三关300次，揉二扇门300次，清天河水300次，拿风池3次。

说明　开天门、推坎宫、揉太阳、揉耳后高骨疏风解表，止头痛；

推上三关、揉二扇门、拿风池祛风散寒，发汗解表；清天河水清热而不伤正、不伤阴，故可治疗一切虚实之热证。三关穴是散寒之要穴；二扇门是发汗之要穴；风池穴是祛风之要穴，三穴相配，祛风散寒发汗功效较佳。

◇外感风热

临床特征　发热重，微恶寒，有汗，头痛，鼻塞，流黄涕，喷嚏，咳嗽，黄稠痰，咽喉红肿疼痛，口干而渴，舌红苔薄黄，脉浮数，指纹浮而紫红。

治疗原则　辛凉解表。

推拿处方　开天门50次，推坎宫50次，揉太阳50次，揉耳后高骨50次，清肺经300次，退六腑300次，揉大椎50次，推脊300次。

加减　外感发热，兼咳嗽、痰鸣者，加推揉膻中50次，揉肺俞100次，揉丰隆50次；无汗拿列缺300次；头痛鼻塞重加揉膊阳池50次；呕吐、纳呆加清胃经300次；烦闹、发惊加掐小天心5次。

◆ 食积发热

临床特征　高热，呕吐酸腐，口渴引饮，纳呆，腹胀，腹痛便秘，舌苔黄腻，脉数，指纹紫滞。

治疗原则　清热消食导滞。

推拿处方　运内八卦50次，清脾胃300次，退六腑300次，清大肠300次，揉膊阳池50次，推下七节骨100次。

◆ 阴虚发热

临床特征　午后低热，手足心热，心烦易怒，盗汗，食少消瘦，舌红少苔或苔剥，脉细数，指纹淡紫。

治疗原则　滋阴清热。

推拿处方　补脾经300次，揉二人上马50次，清天河水300次，水底捞月30次，推涌泉50次。

加减　久热不退加推坎宫100次；大便稀溏加揉外劳宫300次。

◆ 惊恐发热

临床特征　因跌仆惊恐后引起发热。伴面色发青，枕后热，耳廓冷，惊悸哭闹不安，睡眠易惊醒，或睡中手足掣动。

治疗原则　清热镇惊安神。

推拿处方　推上三关300次，下取天河（向下推天河水，即离心性推之）300次。

加减　惊悸甚者加捣小天心5次；大便稀、色绿者加揉外劳宫300次。

若抽搐，掐人中3次、掐十宣3次，或点刺出血、掐老龙3次、掐左右端正3次、掐威灵3次、掐精宁3次（下肢抽搐用昆仑、承山、仆参）。

万博士食疗

◇发热时的饮食以流质、半流质为主。

常用的流质有牛奶、豆浆、米汤、绿豆汤及各种鲜果汁等。

发热伴有腹泻、呕吐，但症状较轻者，可以让患儿少量、多次服用糖盐水。配制比例为500毫升水或米汤中加一平匙糖及半啤酒瓶盖食盐。1岁左右的小儿，4小时内可服500毫升。同时还可适当进食一些补充电解质的食物，例如柑橘、香蕉等水果，奶类与豆浆等，米汤或面食。症状较重者，应暂时禁食，以减轻胃肠道负担，同时请医生诊治。

◇发热好转时可改半流质饮食。

患儿体温下降、食欲好转时，可改半流质饮食，如藕粉、粥、鸡蛋羹、面片汤等。以清淡、易消化为原则，少量多餐。不必盲目忌口，以防营养不良，抵抗力下降。

伴有咳嗽、多痰的患儿，由于不会咳痰，往往将痰咽到胃里，剧烈咳嗽还会引起胃部不适，若进食过多，容易出现呕吐。

因此，不宜让孩子过量进食，不宜给孩子吃海鲜或过咸、过油腻的菜肴，以防引起过敏或刺激呼吸道，加重症状。

感冒

感冒俗称伤风，是感受外邪引起的肺系疾病，临床以发热、恶寒、鼻塞流涕、咳嗽为特征。本病一年四季均可发生，但在气候变化多端、冷热交替的秋冬之交和冬春之交发病率最高。小儿脏腑娇嫩，得病之后，容易出现夹痰、夹滞、夹惊以及化热变喘等兼症，这是小儿感冒的特点。

◆ 风寒感冒

临床特征　发热，恶寒，无汗，头痛，喷嚏鼻塞，流清涕，咳嗽痰稀，口不渴或纳呆呕吐，舌淡红、苔薄白，脉浮。

治疗原则　辛温解表。

推拿处方　开天门50次，推坎宫50次，揉太阳50次，清肺平肝300次，清天河水300次，推三关300次，掐二扇门3次，揉二扇门300次，拿风池3次。

加减　头痛、鼻塞重者加揉膊阳池50次；呕吐加清胃经300次。

以上治疗每天1次。一般感冒，推拿1次就可好，最多推拿2～3次可愈。推拿后4小时左右，发热会更高一些，这是邪热外散之象，发热持续2～3小时，则汗出热退，病愈。

万博士食疗

风寒感冒食疗时宜多选些如生姜、葱白等具有辛温发汗作用的药物做药膳：

◇神仙粥　大米50～100克，生姜3克，入沙锅同煮1～2沸，再放入连须葱白5～7段，待粥将熟时，放入米醋10～15毫升，稍煮即可。此粥要趁热服，食后宜盖被躺卧，以微微出汗为佳。

◇姜糖饮　生姜10克（洗净），切丝，放入水杯中，用沸水冲泡，盖盖浸泡5分钟，再调入15克红糖，趁热顿服，服后盖被取汗。

◇香葱饮　香菜根、葱须、白菜头煎水，加红糖适量，代茶饮，有发汗解表通鼻窍作用，尤其适用于幼儿急疹。

◆ 风热感冒

临床特征　发热重，恶寒轻，鼻塞流浊涕，头痛咽痛，口渴微汗，面赤唇红，舌红苔白或薄黄，脉数。

治疗原则　辛凉解表。

推拿处方　开天门50次，推坎宫50次，揉太阳50次，清肺平肝300次，退六腑300次，推脊300次。

加减　兼见咳嗽、痰鸣气喘者加推揉膻中50次，揉肺俞100次，运内八卦100次；头痛加揉膊阳池50次；兼见脘腹胀满、不思乳、嗳酸呕吐者加清胃经300次，揉中脘100次，推揉板门300次，分推腹阴阳100次；兼见惊厥加掐小天心5次。

万博士食疗

◇三根汤　大白菜根3个，大葱根7个，芦根15克。用水煎服，每天1次，连服2～3天。可辛凉解表，适用于小儿风热感冒。

◇红萝卜马蹄粥　红萝卜150克，马蹄（荸荠）250克，大米50克。红萝卜切片，马蹄去皮拍裂，与大米一同煲粥，粥成后，以少许糖或盐调味，即可食用。可清热消食，止咳、祛痰、利尿，润肠通便，适用于风热感冒。

◇红薯煲芥菜　红薯250克，芥菜150克。红薯去皮切小块，芥菜洗净，同放入锅中，加适量清水，煮至红薯熟烂，加盐调味即可食用。可解表、发汗、清热，适用于风热感冒。

● 咳　嗽

咳嗽是小儿疾病中常见的一个症状，一年四季皆可发病，而冬春季节尤为多见。咳嗽的成因不一，种类亦多，外邪侵袭肺脏可引起咳嗽，其他脏腑有病累及于肺，也可发生咳嗽。因此在临诊时必须全面检查，仔细分析，正确诊治。临床上一般将咳嗽分为外感咳嗽和内伤咳嗽两大类，小儿以外感咳嗽多见。外感咳嗽分为风寒咳嗽和风热咳嗽，内伤咳嗽分为痰热咳嗽、痰湿咳嗽、阴虚咳嗽、气虚咳嗽。

◆ 风寒咳嗽

临床特征　咳嗽频，咳声重，白痰，发热，恶寒，无汗，咽痒，鼻塞，流清涕，苔薄白，脉浮紧，指纹红。

治疗原则　疏风散寒，宣肺止咳。

推拿处方　揉外劳宫300次，掐揉二扇门（掐5次、揉300次），推上三关300次，运内八卦200次，揉天突100次，分推膻中100次，揉乳旁、揉乳根、揉风门、揉肺俞各1分钟，分推肩胛骨100次。

万博士食疗

◇**紫苏粥**　紫苏叶10克，粳米50克，生姜3片，大枣3枚。先用粳米煮粥，粥将熟时加入紫苏叶、生姜、大枣，趁热服用。

◇**葱白粥**　大米50克，生姜5片，连须葱白5段，米醋5毫升。加水适量煮粥，趁热饮用。

◇**杏仁萝卜煎**　杏仁10克，生姜3片，白萝卜100克。水煎服，每日1剂。

◆ 风热咳嗽

临床特征　咳嗽重，黄黏痰或黄白痰，发热微恶寒，微汗出，咽喉红肿而痛，鼻塞，流黄浊涕，舌红，苔薄黄，脉浮数，指纹紫红。

治疗原则　疏风解热，宣肺止咳。

推拿处方　清肺经300次，清天河水300次，退下六腑300次，运内八卦200次，揉天突100次，分推膻中100次，揉乳旁、揉乳根、推天柱骨、揉风门、揉肺俞各1分钟，分推肩胛骨100次。

万博士食疗

◇二汁饮　鲜藕汁、梨汁各等份，生服。

◇萝卜冰糖汁　白萝卜取汁100～200毫升，加冰糖适量隔水炖化，睡前1次饮完，连用3～5次。

◇牛蒡粥　鲜牛蒡根研碎滤取汁100毫升，粳米50克，共煮粥，趁热服。

◆ 痰热咳嗽

临床特征　咳嗽气粗，面赤唇红，咽干口渴，烦躁便秘，痰黏色黄，舌红苔黄，脉数，指纹紫红。

治疗原则　清肺化痰止咳。

推拿处方　清肺经300次，调脾经300次，运内八卦200次，揉掌小横纹、推揉膻中、揉乳根、揉乳旁、揉肺俞各1分钟，清大肠300次，退六腑300次，推脊柱100次，按弦搓摩100次。

万博士食疗

◇荸荠海蜇饮　荸荠200克，海蜇皮100克，水煎，分服。

◇秋梨白藕汁　秋梨去皮、核，白藕去节，各等量，切碎，取汁，频服。

◇芦根粥　鲜芦根150克，竹茹15克，生姜3克，粳米50克。先煎前两味药取汁，入米煮粥，待熟时加生姜，稍煮即可。

◆ 痰湿咳嗽

临床特征　久咳，痰多泛呕，胸闷气促，头沉神疲，舌淡，苔白腻，脉滑，指纹黯红而滞。

治疗原则　燥湿化痰止咳。

推拿处方　清肺经300次，补脾经300次，运内八卦200次，揉掌小横纹、推揉膻中、揉乳根、揉乳旁、揉肺俞各1分钟，摩腹5分钟，按弦搓摩100次，揉丰隆100次。

万博士食疗

◇**橘皮粥**　鲜橘皮30克，洗净，切丝，大米100克，加水煮粥。

◇**二陈二仁粥**　陈皮9克，半夏6克，茯苓12克，薏苡仁15克，冬瓜仁15克，粳米100克。前5料水煎，沸后约10分钟，去滓取汁。加粳米及适量水，同煮为粥。

◇**薏米杏仁粥**　薏米50克，杏仁（去皮尖）10克。薏米洗净，加水煮成半熟，放入杏仁，粥成加少许白糖。

◆ 阴虚咳嗽

临床特征　久咳，干咳无痰，盗汗潮红，五心烦热，烦躁口渴，舌红少苔，脉细数，指纹淡红。

治疗原则　养阴润肺，兼清余热。

推拿处方　清肺经300次，补脾经300次，运内八卦200次，揉掌小横纹、揉天突、推揉膻中、揉乳根、揉乳旁、揉肺俞各1分钟，揉二人上马50次，水底捞月30次。

万博士食疗

◇**门冬粥**　天门冬15～20克，粳米60克，冰糖少许。先煎天门冬取汁去滓，入粳米同煮为粥，粥成加入冰糖。每日早起空腹服用。

◇**百合粳米粥**　百合50克，粳米100克，红枣5～10枚，红小豆30克，白糖适量。先将红小豆煮至半熟，入粳米、百合、红枣同煮为粥，粥成后加入白糖。

◇百合枇杷鲜藕汁　百合（鲜）、枇杷（去核）、鲜藕（洗净，切片）各30克。将百合、枇杷和藕片合煮汁，调入适量白糖，若用冰糖更好，代茶频饮。

◆ 气虚咳嗽

临床特征　久咳，咳声无力，神疲气短，自汗纳少，舌淡，苔薄白，脉细弱，指纹淡。

治疗原则　健脾补肺，益气化痰。

推拿处方　补肺经300次，补脾经300次，运内八卦300次，揉掌小横纹、推揉膻中、揉乳根、揉乳旁、揉肺俞、揉脾俞、揉足三里各1分钟。

万博士食疗

◇黄芪粥　黄芪20克，粳米50克。黄芪加水500毫升，煮至200毫升，去滓。入淘净粳米，加水煮至粥成。温热顿服。

◇猪肺薏仁粥　薏米150克，猪肺1个（切丁），共煮成粥。

◇花生红枣汤　花生米、大枣、蜂蜜各30克，水煎。食花生、枣，喝汤。每日2次。

哮　喘

哮喘为阵发性呼吸困难、呼气延长、喘鸣有声的一种呼吸道疾病，为小儿常见病症之一。这里所述的哮喘主要指支气管哮喘和喘息性支气管炎。该病为一种反复发作的慢性疾病，在秋冬季易发病，每遇气候变化，或某种过敏因素（花粉、灰尘、油漆、鱼虾、煤烟、真菌、棉绒、某些药物等）即可发病。

◆ 发作期

◇寒喘

临床特征　发作性呼气困难，呼吸急促，张口抬肩，喉中痰鸣，痰多稀白，不能平卧，胸闷气短，形寒肢冷，舌淡苔薄白，脉滑，指纹淡红。

治疗原则　温肺散寒，化痰定喘。

推拿处方　清肺经300次，运内八卦200次，揉外劳宫300次，推上三关300次，揉天突、推揉膻中各1分钟，按弦搓摩100次，揉大椎、揉定喘（以中指定大椎，食、无名两指分别置于左右定喘穴三指揉）各50次，分推肩胛骨100次，擦肺俞（以热为度），拿肩井3次。

万博士食疗

◇核桃肉1枚，白果仁10克（炒去壳），生姜3片，水煎服。

◇生姜汁适量，南杏仁15克，核桃肉30克，捣烂加蜂蜜适量，炖服。

◇吴茱萸糊　吴茱萸10克，研细粉，醋调为糊，贴敷双涌泉穴，48小时取下。

◇热喘

临床特征　发作性呼气困难，呼吸急促，张口抬肩，喉中痰鸣，痰稠色黄，不能平卧，胸闷气短，面赤口渴，烦躁便干，舌红苔黄，脉滑数，指纹色紫。

治疗原则　清肺涤痰，止咳平喘。

推拿处方　清肺经300次，清天河水300次，运内八卦200次，揉天突、推揉膻中各1分钟，按弦搓摩100次，揉大椎、揉定喘（以中指定大椎，食、无名两指分别置于左右定喘穴三指揉）各50次，分推肩胛骨100次，擦肺俞（以热为度），推脊300次，揉丰隆100次。

万博士食疗

◇鲜无花果捣汁半杯，开水冲服，每日服1次，治愈为止。

◇白果冬瓜子杏仁饮　白果6个，冬瓜子30克，杏仁10克，以水煎熬后，去渣，加入冰糖调匀，每日3次，每次1小杯。

◇杏梨枇杷饮　杏仁10克(去皮尖打碎)，大鸭梨1个，枇杷叶(去毛，烤干)10克。先将梨切成块，与枇杷叶、杏仁同煮，可入少许冰糖调味，去滓代茶饮。

◇虚喘

临床特征　反复发作性呼气困难，张口抬肩，喉中痰鸣，不能平卧，胸闷气短，面白神疲，肢冷浮肿，舌淡苔薄白，脉细无力，指纹色淡。

治疗原则　泻肺补肾，标本兼顾。

推拿处方　补肺经300次，补肾经500次，揉天突、推揉膻中各1分钟，按弦搓摩100次，揉大椎、揉定喘（以中指定大椎，食、无名两指分别置于左右定喘穴三指揉）各50次，揉丹田3分钟，分推肩胛骨100次，擦肺俞（以热为度），按揉足三里30次。

万博士食疗

◇宜常吃具有补肺气、固肾气、益精气作用的食品，如海松子、红枣、桃子、栗子、花生、银耳、蜂乳、党参、太子参、牛肉、牛奶、芝麻、燕窝、猪肺等。

◇忌吃辛散耗气之物以及性寒大凉之品，如山楂、金橘、石榴、柿子、薄荷、胡椒、槟榔等。

◆ 缓解期

临床特征　怕冷自汗，气短乏力，咳嗽痰多，食少便溏，易感冒，舌淡苔薄，脉缓无力或沉细。

治疗原则　健脾益肺，补肾纳气。

推拿处方　补肺经500次，补脾经500次，补肾经500次，揉天突、揉丹田、揉肺俞、揉脾俞、揉肾俞各1分钟，按揉足三里50次。

偏于肺脾气虚者，取独穴补脾10分钟。

偏于肾不纳气者，取独穴揉二人上马10分钟。

万博士食疗

◇防哮粥　黄豆50克，玉竹10克，山药15克，黄芪20克，白梨1个，加水适量，煮熟黄豆，余汁150毫升，每次15毫升，每日3次。用于肺脾不足者。

◇黄芪粥　黄芪30克，粳米50克。水煮黄芪取汁，再入粳米同煮为粥，晨起空腹服之。适用于肺气不足者。

◇参枣米饭　党参10克，大枣20枚，糯米250克，白糖50克。参、枣洗净泡发，水煮半小时，捞出党参、枣，汤备用。糯米加水适量，蒸熟成饭。置枣于饭上，再把汤汁加白糖煎熬成黏汁，浇于枣饭上。适用于脾气不足者。

◇山药茯苓包子　山药粉100克，茯苓粉100克，面粉200克，白糖300克。将山药粉、茯苓粉加水适量调成糊状，蒸半小时后，调面粉、白糖，加发酵粉及少许碱面发酵，以猪油及青、红丝少许为馅料，包成包子，蒸熟即可。适用于脾虚者。

◇核桃仁1000克，捣烂，入蜂蜜1000克，和匀，用瓶装好，每次1匙，晨起及晚间空腹服，开水冲服。治肾虚不纳之虚喘。

鼻　炎

小儿鼻炎大多数是过敏性的，症状就是鼻塞、遇到冷空气打喷嚏、流清鼻涕、鼻涕倒流、记忆力减退，嗅觉差。许多儿童还可伴有鼻子痒、眼睛痒和流眼泪，表现为反反复复搓鼻子（抠鼻子）和揉眼睛，称为过敏性鼻结膜炎。许多过敏性鼻炎的儿童可以发展为突然阵发性咳嗽（干咳为主）甚至哮喘，称为“过敏性鼻炎哮喘综合征”。

◆ 风寒型

临床特征　鼻塞严重，流涕色白清稀，恶寒发热，无汗，头身疼痛，舌质淡红，苔薄白。

治疗原则　散寒透表，宣肺通窍。

推拿处方　开天门30次，推坎宫30次，按揉太阳、揉迎香各1分钟，快速推擦鼻两侧（以局部产生灼热感为度），推三关300次，清肺经100次，揉合谷、揉曲池各1分钟，直推脊柱两侧的肌肉组织（以透热为度），点揉大椎1分钟。

万博士食疗

◇**葱白红枣鸡肉粥**　红枣10枚（去核），葱白5茎，鸡肉连骨100克，芫荽10克，生姜10克，粳米100克。将粳米、鸡肉、生姜、红枣先煮粥，粥成再加入葱白、芫荽，调味服用，每日1次。

◇**神仙粥**　生姜6克，连须葱白6根，糯米60克，米醋10毫升。先将糯米洗后与生姜同煮，粥将熟时放入葱白，最后入米醋，稍煮即可食。

◆ 风热型

临床特征　鼻塞不利，嗅觉失灵，口鼻气热，流涕色黄而稠，发热恶风，有汗口渴，时有咳嗽，舌质红，苔薄黄。

治疗原则　疏风清热，宣肺通窍。

推拿处方　开天门30次，推坎宫30次，按揉太阳、揉迎香各1分钟，快速推擦鼻两侧（以局部产生灼热感为度），清肺经200次，清天河水

300次，按揉合谷1分钟，按揉风府、曲池各1分钟，提拿肩井5次。

万博士食疗

◇**白菜萝卜汤** 白菜心250克，白萝卜100克，水煎，加红糖适量，吃菜饮汤。

◇**萝卜丝瓜藤汤** 白萝卜250克（切片），丝瓜藤60克，水煎取汤去渣，加适量白糖服。

头 痛

头痛是指因外感六淫、内伤杂病而引起的，以头痛为主要表现的一类病症。头痛是一种常见的自觉症状。头痛是以症状命名，既可单独出现，亦可并见于多种急慢性疾病中。头痛一症范围甚广，涉及内、外、神经、精神、五官等各科疾病。

◆ 风寒头痛

临床特征 头痛或有拘急收紧感，痛连项背，恶风畏寒，遇风受寒尤剧，常喜棉巾裹头，口不渴，或兼鼻塞流清涕，苔薄白，脉浮或浮紧。

治疗原则 疏风散寒止痛。

推拿处方 开天门50次，推坎宫50次，揉太阳50次，揉一窝风50次，推三关300次，掐揉二扇门50次，拿风池5次。

万博士食疗

◇**葱姜红糖汤** 连须葱白3段、生姜3片、红糖20克，一并煮汤。

◇**加味防风粥** 防风15克，白芷10克，葱白2段，粳米100克。先煎防风、白芷、葱白，去渣，取药汁，再用粳米煮粥，待粥将熟时调入药汁即可。

◇吴茱萸粥　吴茱萸2克，粳米50克，生姜2片，葱白2段。将吴茱萸研为细末，用粳米先煮粥，米熟后下吴茱萸、生姜及葱白，同煮为粥。

◆ 风热头痛

临床特征　头胀痛，甚者头胀如裂，发热，或恶风，面红目赤，口渴喜饮，大便不畅或便秘，溲赤，苔薄黄，脉浮数。

治疗原则　疏风清热和络。

推拿处方　开天门50次，推坎宫50次，揉太阳50次，清肺平肝300次，退六腑300次，推脊300次，拿合谷5次，拿风池5次。

万博士食疗

◇桑菊豆豉粥　桑叶10克，菊花10克，淡豆豉15克，粳米50～100克。桑叶、菊花、淡豆豉煎取药汁，粳米煮粥至烂熟，加入药汁，稍煮即可食。

◇蔓荆子粥　蔓荆子20克，葛根30克，粳米50～100克。蔓荆子研细末。粳米洗净，与葛根同煮粥，待粥将熟，蔓荆子入粥内再煮1～2分钟，可加入冰糖适量，温服。

◇菊花粥　菊花10克、粳米100克，煮粥，用于风热感冒、发热头痛。

◆ 血虚头痛

临床特征　头痛目花，时时昏晕，痛势隐隐，午后或遇劳则甚，神疲乏力，心悸怔忡，食欲不振，面色少华或萎黄，舌淡苔薄白，脉细弱无力。

治疗原则　滋阴养血。

推拿处方　补脾经300次，清肺经100次，运内八卦50次，揉外劳宫50次，揉小天心50次，揉一窝风50次，揉膊阳池50次。

万博士食疗

◇胡麻仁粥　黑芝麻10克、粳米100克，煮粥。

◇葵仁白糖散　葵花子10克，研碎，加白糖开水调食。

◇饮食宜忌　宜滋补饮食，以利养血补血；不宜苦寒泻下类食物，以免耗损精血。

◆ 痰浊头痛

临床特征　头痛昏蒙，头痛而重，如物裹首，时有目眩，胸脘痞闷，恶心泛泛，甚则呕吐痰涎，纳呆，舌苔白腻，脉滑或弦滑。

治疗原则　化湿祛痰。

推拿处方　补脾经300次，补肾经300次，揉板门50次，清心经100次，补心经300次，揉中脘3分钟，推揉脾俞、肾俞各300次，揉足三里50次。

万博士食疗

◇加味橘皮粥　橘皮15克，山药10克，法半夏10克，粳米100克。先将橘皮、半夏煎取汁，去渣，然后下山药、粳米煮粥；或将橘皮晒干，与山药、半夏共研为细末，每次3～5克调入已煮沸的稀粥中，再同煮为粥。

流　涎

流涎指小儿涎液不自觉地从口内流溢出来的病症，中医称“滞颐”。流涎以3岁以下的幼儿最为多见。

◆ 脾胃虚寒

临床特征　流涎不止，涎液清稀，面色苍白，四肢不温，大便稀薄，小便清长，舌质淡，苔白而滑。

治疗原则　温脾燥湿。

推拿处方　揉承浆300次，补脾经300次，补大肠300次，揉外劳宫100次，推三关100次，按揉中脘1分钟，按揉脾俞1分钟，按揉足三里1分钟，捏脊5遍。

万博士食疗

◇温中健脾粥　炒白术6g，干姜1.5g，黄芪10g，甘草3g。煎汁，滤去药渣，加入糯米100g熬粥。1天内分2次服完，连服5～10天。

◇韭菜汁牛奶　用韭菜30g绞汁和牛奶适量，喂小儿，每日1次，连服5～10天。

◇党参香菇汤　党参10g，干香菇6g。煎汤给小儿饮服，连服7～10天。可反复服之。

◆ 脾胃积热

临床特征　小儿流涎，涎热而黏，口角糜烂，口臭而渴，烦躁不安，大便秘结，小便短赤，舌质红，苔黄。

治疗原则　清热燥湿。

推拿处方　揉承浆300次，清脾胃200次，清大肠200次，退六腑200次，按揉中脘1分钟，按揉脾俞1分钟，按揉足三里1分钟。

万博士食疗

◇萝卜汁　鲜萝卜数个，洗净捣烂绞汁，涂口内二颐及舌。每日3次，连服1周。

◇绿豆甘草汤　绿豆30g，甘草5g。煎汤给小儿频服，每日1剂，连服1周。

◇杭菊花汁　杭菊花10g，煎汁，加蜂蜜适量，每日2次，连服1周。

厌食

厌食是指小儿较长时期见食不贪，食欲不振，甚则拒食，经久如此，而无外感、内伤疾病的一种常见病症。

◆ 脾失健运

临床特征　面色少华，不思饮食，或食而无味，拒进饮食，多食或迫食后有恶心、呕吐，脘腹作胀，形体偏瘦，精神状态一般无特殊异常，大小便基本正常，舌苔白或薄腻。

治疗原则　运脾和胃。

推拿处方　补脾经300次，揉板门300次，顺运内八卦100次，揉中脘、天枢各1分钟，摩腹（顺、逆时针）3分钟，分腹阴阳100次，按揉足三里1分钟，捏脊5遍。

万博士食疗

◇山药内金糊　炒山药200克，鸡内金50克，共研细粉，加糖适量，每次1匙入牛奶或米粥内煮沸，每日早晚各服1次。

◇麦芽山楂糕　大麦芽100克，山楂50克，糯米150克（炒），白糖75克，共为末、拌匀，入少量蜂蜜，压成方块糕，常食之。对消化不良者尤宜。

◇山楂神曲粥　山楂30克，神曲15克，粳米100克，红糖6克。先煎山楂、神曲，取汁去滓，后煮米沸开，和入药汁，煮成稀粥，加红糖，趁热食之。

◆ 脾胃气虚

临床特征　不思进食，食不知味，食量减少，形体偏瘦，面色少华，精神欠振，或有大便溏薄夹不消化物，舌质淡，苔薄白。

治疗原则　健脾益气。

推拿处方　补脾经300次，补大肠300次，推上三关300次，揉中脘、天枢各1分钟，摩腹（顺、逆时针）3分钟，按揉足三里1分钟，捏脊5遍。

万博士食疗

◇怀芡猪肚汤　怀山药10克，芡实10克，山楂6克，猪肚（洗净切成小块）约200克，同放大沙锅中，加适量清水，煲2小时，用盐调味，即可食用。

◇扁豆枣肉糕　取白扁豆、薏米、山药、芡实、莲子各100克，大枣肉200克，焙干研为细末，加糯米粉500克、白糖150克，混匀后蒸糕或做饼，每天3次，每次30～50克，空腹当点心食。

◇茯苓饼　茯苓、米粉、白糖各500克，茯苓研末，与米粉、白糖混合均匀，加水适量调成糊状，用平底锅煎成薄饼。

◆ 脾胃阴虚

临床特征　口干多饮，不喜进食，皮肤干燥，缺乏润泽，大便多干结，舌苔多见光剥，也有光红少津者，舌质红。

治疗原则　养胃养阴。

推拿处方　补脾经300次，揉二人上马、揉中脘、揉天枢各1分钟，摩腹（顺、逆时针）3分钟，分腹阴阳100次，按揉足三里1分钟，捏脊5遍。

万博士食疗

◇萝卜蜜　白萝卜500克，蜂蜜150克。萝卜洗净，切成小块，放入沸水内，煮沸后即捞出，控干，晾晒半天，再放入锅内，加蜂蜜，以大火煮沸，调匀，待冷，装瓶备用。每次饭后食用数块，连服数日。

◇黄精粳米粥　黄精15～30克，粳米100克，白糖适量。先煎黄精，去滓取浓汁，同粳米煮粥，粥成后加入白糖适量即可。

呃逆

呃逆是指气逆上冲，喉间呃呃连声，声短而频，令人不能自制的一种病症。古称“哕”，又称“哕逆”。引起呃逆的原因有情绪的改变、饮食过急过饱、吸入冷空气等。常见于现代医学胃、肠、肝胆、食管、纵隔疾病等引起的膈肌痉挛。

◆ 胃寒型

临床特征　呃声沉缓而长，呃声有力，胃脘部不舒，得热则减，得寒则重，饮食减少，口不渴，舌质淡，苔薄白。

治疗原则　温中散寒。

推拿处方　推上三关300次，横纹推向板门300次，揉天突、膻中各1分钟，揉摩中脘（顺时针）5分钟，按揉膈俞、胃俞、大肠俞各1分钟，全掌横擦背部（以透热为度），揉足三里1分钟。

万博士食疗

◇葱白饮　葱白带根1段，生姜1片，紫苏叶10克。上3味同入沙锅，加水适量，煎服饮用。

◇生姜蜂蜜糯米饮　生姜15克，糯米15克，蜂蜜30克。将生姜、糯米研碎，加水1碗，煮煎取汁，再加入蜂蜜，炖熟服用。

◇花椒生姜汤　花椒5克，生姜10克。将花椒洗净，微炒后研末，与生姜同入沙锅，加水适量煎服。

◆ 胃热型

临床特征　呃声洪亮，冲逆而出，口臭烦渴，多喜冷饮，小便短赤，大便秘结，舌质红，苔黄。

治疗原则　清降泄热。

推拿处方　清胃经300次，横纹推向板门300次，退下六腑300次，揉天突、膻中各1分钟，揉摩中脘（顺时针）5分钟，按揉足三里2分钟。

万博士食疗

◇竹茹粳米粥　竹茹50克，粳米50克。将竹茹水煎15分钟，去渣留汁，再放入洗净粳米煮为粥。

◇竹茹公英饮　竹茹30克，蒲公英30克，白糖适量。将竹茹、蒲公英加水煎汁，煎液中加入白糖适量即可。

◆ 食滞型

临床特征　呃声短频有力，厌食，脘腹胀满，嗳腐吞酸，舌苔厚腻。

治疗原则　健脾消食。

推拿处方　清补脾经各200次，清大肠200次，揉板门50次，横纹推向板门300次，掐四缝10次，揉天突、膻中各1分钟，揉摩中脘（顺时针）5分钟，按揉足三里1分钟。

万博士食疗

◇山楂生姜橘枣饮　山楂肉15克，生姜10克，橘皮10克，大枣4枚。上4味同入沙锅，加水适量，煎汁，温热服食。

◆ 气郁型

临床特征　呃逆连声，脘腹胀满，情志不畅则发作，情志转舒则缓解，或有恶心，口苦食少，舌苔薄白。

治疗原则　顺气降逆。

推拿处方　横纹推向板门300次，揉天突、膻中各1分钟，推膻中100次，分推腹阴阳20次，揉摩中脘（顺时针）5分钟，按揉足三里1分钟。

万博士食疗

◇橘茹饮　橘皮30克，竹茹30克，柿饼30克，生姜3克，白糖适量。以上诸品，加水煎熬2次，取汁250克，加入白糖即成。

◆ 气虚型

临床特征　呃声低沉无力，气短，面色苍白，手足不温，食少困倦，舌质淡，苔薄白。

治疗原则　补中益气。

推拿处方　横纹推向板门300次，揉天突、膻中各1分钟，揉摩中脘（顺时针）5分钟，摩脐5分钟，按揉膈俞、脾俞、胃俞、大肠俞、肾俞、气海各1分钟。

万博士食疗

◇桂圆干粉　桂圆干7个，干姜3克，煅代赭石15克。将桂圆干连核放入炉中，煅炭存性，研为细末，分4次服，每次用干姜、煅代赭石煎汤送下。

● 呕　吐

呕吐是由于胃气上逆而引起的以呕吐为主要表现的消化道常见病症，可见于多种疾病中。由于小儿胃脏娇嫩，贲门松弛，如果喂养不当，可出现少量乳汁溢出，此称溢乳，不属于病态。

◆ 寒吐

临床特征　饮食稍多即吐，时作时止，吐物酸臭不甚，面色苍白，四肢欠温，腹痛喜暖，大便溏薄，舌淡苔薄白，脉迟，指纹色红。

治疗原则　温中散寒，和胃降逆。

推拿处方　补脾经300次，横纹推向板门300次，揉外劳宫30次，推上三关300次，揉中脘3分钟，推天柱骨（自上而下）200次。

说明　推天柱骨和胃降逆、祛寒止呕，配横纹推向板门善止一切呕吐。

万博士食疗

◇苏叶饮　鲜紫苏叶30克，水煎，少量多次服。

◇鲜生姜汁频服。

◇姜韭牛奶羹　韭菜250克，生姜25克，洗净切碎、捣烂，用纱布绞汁，放入锅内，加牛奶250克，加热煮沸，趁热饮服。

◆ 热吐

临床特征　食入即吐，呕吐物酸臭，身热口渴，烦躁不安，大便黏滞臭秽或秘结，小便黄赤，唇舌红而干，苔黄腻，脉滑数，指纹色紫。

治疗原则　清热和胃，降逆止呕。

推拿处方　清脾经100次，横纹推向板门300次，清大肠300次，退下六腑200次，推天柱骨（自上而下）200次，推下七节骨100次，揉中脘3分钟。

万博士食疗

◇鲜苇根90克，水煎浓汁，代茶饮。

◇竹茹粥　鲜竹茹30克，粳米50克。先用水煮竹茹，取汁去滓，入米煮粥，少量多次服。

◇荸荠适量，水煎，少量多次服。

◆ 伤食吐

临床特征　呕吐酸溲频繁，口气臭秽，胸闷厌食，肚腹胀痛，大便酸臭，或溏或秘，苔厚腻，脉滑实，指纹色紫而滞。

治疗原则　消食导滞，和中降逆。

推拿处方　清、补脾经各300次，运内八卦200次，横纹推向板门300次，清大肠300次，揉中脘3分钟，分推腹阴阳50次，揉双侧足三里3分钟，推天柱骨（自上而下）200次，推下七节骨100次。

万博士食疗

◇山楂糖　生山楂500克，生姜20克，白糖250克。将白糖加水煎成稠汁，入山楂末、姜汁，搅匀倒入盘中，晾凉切块即可。适用于伤肉食及伤乳食。

◇山楂神曲粥　山楂30克，神曲15克，粳米100克，红糖6克。先煎山楂、神曲，取汁去滓，后煮米沸开，和入药汁，煮成稀粥，加红糖，趁热食之。

◇生萝卜捣碎取汁或萝卜子30克微炒，水煎频服。治豆类或面食所伤。

◇鸡内金10克，炒麦芽10克，水煎，频饮。治一切饮食所伤。

腹　胀

腹胀是指胃脘及胃脘以下的整个腹部胀满的一种症状。现代医学的急、慢性胃肠炎，胃肠神经症，消化不良，腹腔手术术后多出现腹部胀满。中医学认为本病多因饮食失调，起居无节，湿阻气滞，脾胃虚弱以及瘀血阻滞经脉等引起。常见症状为腹部胀满，可见腹部胀大，叩之如鼓，伴有食欲不振、食少饱闷、嗳腐吞酸、恶心呕吐等症。

◆ 食积

临床特征　脘腹胀满，嗳腐吞酸，或恶心呕吐，大便不通，腹痛拒按，舌苔厚腻。

治疗原则　消食导滞。

推拿处方　清大肠200次，揉板门50次，揉膻中50次，直推膻中50次，再分腹阴阳30次，摩中脘5分钟，点揉水分1分钟，揉天枢、揉足三里（双侧）各1分钟。

万博士食疗

◇六曲陈皮饮　六曲20克，陈皮15克。将六曲、陈皮入锅，加适量水，煎煮30分钟，去渣取汁即成。上、下午分服，有消食宽胀的功效。

◇豆蔻砂仁荷叶饮　白豆蔻2克，砂仁2克，荷叶半张。将荷叶洗净，切碎，与洗好的白豆蔻、砂仁一同放入沙锅，加足量水，大火煮沸，改成小火煨煮20分钟，用洁净纱布过滤，取汁即成。上、下午分服，有消食宽胀、行气和胃的功效。

◇焦三仙茶　焦山楂20克，焦神曲15克，焦麦芽15克。将焦山楂、焦神曲、焦麦芽入锅，加适量水，煎煮30分钟，去渣取汁即成。代茶，频频饮用，可连续冲泡3～5次，当日饮完。有消食化积的功效。

◆ 湿阻

临床特征　腹胀满闷不舒，倦怠乏力，或咳嗽吐痰，痰黏不爽，舌苔厚腻。

治疗原则　燥湿健脾。

推拿处方　退下六腑300次，揉膻中50次，直推膻中50次，再分腹阴阳30次，摩中脘5分钟，点揉水分、按揉脾俞、揉足三里（双侧）各1分钟，按揉丰隆50次。

万博士食疗

◇夏朴蜜汁　半夏6克，厚朴6克，蜂蜜适量。将半夏、厚朴煎取药汁，然后加入蜂蜜和开水饮用。每日服1次。

◆ 脾虚

临床特征　腹部胀满，不欲饮食，喜温喜按，气短乏力，大便溏薄，四肢欠温，舌质淡，苔薄白。

治疗原则　补气健脾。

推拿处方　补脾经300次，补大肠100次，揉膻中50次，直推膻中50次，再分腹阴阳30次，摩中脘5分钟，点揉水分、按揉脾俞、揉足三里（双侧）各1分钟，捏脊5遍。

万博士食疗

◇参芪鸽肉汤　党参20克，黄芪20克，山药30克，净白鸽1只，精盐、调料适量。将鸽肉切块，放沙锅中，加党参、黄芪、山药、盐、调料和适量水，文火炖煮50分钟，肉熟后饮汤食肉。隔日1次，连用10天。

◇陈草蜜膏　陈皮100克，甘草100克，蜂蜜适量。将陈皮、甘草洗净，水浸泡透，小火煎煮约20分钟，滤取汁液。如此反复煎煮取汁3次，合并3次所得药液，再用小火煎熬成膏，入蜂蜜1倍量，煮至沸，待冷装瓶，每次用1汤匙，开水冲服。

腹　痛

腹痛主要指以胃脘以下、脐周围及小腹疼痛为主症的无外科急腹症指征的一类功能性腹痛。

腹痛在临床上极为常见，涉及范围很广，许多内、外科疾病均能引起腹痛。有器质性的腹痛，也有功能性的腹痛。在器质性腹痛中，特别包括一部分急腹症在内，常需紧急处理，有些需要外科手术治疗。因此，临诊时必须全面检查，及早作出正确的诊断，以免延误病机。本节主要介绍因腹部中寒、乳食积滞、脏腑虚冷、虫积、胃肠结热、气滞血瘀引起的腹痛。

◆ 腹部中寒

临床特征　腹痛暴作，多呈绞痛，常在受凉或食入生冷后发作，腹部柔软，遇冷痛剧，得温则舒，面色苍白或青白，四肢不温，大便清稀，小便清长，舌淡苔薄白，脉沉紧，指纹色红。

治疗原则　温中散寒，理气止痛。

推拿处方　补脾经300次，揉外劳宫300次，推三关300次，掐揉一窝风50次，摩腹5分钟，揉脐3分钟，拿肚角5次。

万博士食疗

◇丁香肉桂红糖煎　丁香1.5克，肉桂1克，红糖适量。丁香、肉桂用温水浸透，武火煮沸，文火煮20分钟，取汁，调入红糖，每服5～10毫升，每日3次。

◇五香肚粥　猪肚（狗肚更佳）1具，粳米100～150克，丁香、肉桂、茴香及调味料适量。将上述原料洗净后一齐放入锅中，再加入一些调料，如姜、葱、盐、酒、酱，文火煮至极烂；粳米煮粥兑入。空腹服，每日3次。

◇姜橘椒鱼羹　鲫鱼250克，生姜30克，橘皮10克，胡椒3克。鲫鱼去鳞、鳃、内脏，洗净；生姜洗净、切片，与橘皮、胡椒同包扎在纱布袋中，填入鱼肚，置锅内，加水适量，小火烧熟，加盐少许。空腹饮汤食鱼，每日2次。

◆ 乳食积滞

临床特征　腹部胀满疼痛，拒按，厌食纳呆，嗳腐吞酸，口气秽臭，矢气频作，恶臭味，腹痛欲泻，便中夹有不消化食物，或见便秘，可伴呕吐酸秽之物，舌苔厚腻，脉弦滑，指纹紫滞。

治疗原则　消食导滞，和中止痛。

推拿处方　补脾经300次，清大肠300次，揉板门300次，运内八卦

200次，揉中脘1分钟，摩腹5分钟，揉天枢1分钟，分推腹阴阳50次，拿肚角5次。

万博士食疗

◇三消饮　炒麦芽、炒谷芽、焦山楂各10克，白糖30克。前3味水煎15分钟取汁，用纱布过滤，调入白糖，趁热服。每日2～3次。

◇鸡内金方　鸡内金、白糖各适量。鸡内金焙干研末，与白糖调服，每日3次，每次1～2克。

◆ 脏腑虚冷

临床特征　腹部隐隐作痛，时作时休，缠绵不止，痛处喜按，得温则舒，面色㿠白或萎黄，形体消瘦，精神倦怠，四肢欠温，纳呆，食后腹胀，大便溏薄，舌淡苔白滑，脉细，指纹色淡。

治疗原则　温中理脾，缓急止痛。

推拿处方　补脾经300次，补肾经300次，揉外劳宫300次，推三关300次，揉中脘1分钟，揉脐3分钟，按揉足三里50次。

万博士食疗

◇大麦汤　草果5个，羊肉1500克，大麦仁500克，食盐适量。将淘净的大麦仁放锅内，加水煮粥，倒出备用，再把洗净的羊肉、草果放入锅内，加水熬煮至肉熟。捞出羊肉、草果，倒入麦仁粥，和匀，文火熬至沸，加入切成小块的羊肉，调入食盐。温热食。

◆ 虫积

临床特征　腹痛突作，以脐周为甚，时发时止，呈钝痛，大多有排虫史，面黄肌瘦，食欲不佳，或嗜食异物，夜眠不安，咬牙切齿。（多见于卫生条件差的地方）

治疗原则　温中行气，安蛔止痛。

推拿处方　掐揉一窝风50次，揉外劳宫300次，推三关300次，摩腹5分钟，揉脐3分钟，拿肚角5次。

万博士食疗

◇南瓜子茶　南瓜子60克。将上药捣碎，煎水取汁，代茶饮用。

◇椒梅茶　花椒50粒，乌梅10枚。将花椒捣碎，与乌梅同用沸水冲泡，代茶饮。

◇君子瘦肉汤　使君子(每岁1粒,总量不超过10粒),猪瘦肉100克。将使君子与猪瘦肉共剁碎，隔水蒸熟，入细盐少许调味，连服两晚。

◇炒香榧子　香榧子肉50粒。香榧子肉炒熟，5岁以下小儿，将香榧子研成细末，每岁每次1克，用温开水吞服，每日服3次，连服1周；5岁以上每岁每次2粒，嚼细烂，每日服3次，连服1周。

◆ 胃肠结热

临床特征　腹痛拒按，腹满不适，大便秘结，小便短赤，烦渴引饮，舌红苔黄腻或黄厚而燥，脉洪数，指纹紫。

治疗原则　通腑泄热，行气止痛。

推拿处方　清脾经300次，清大肠300次，退下六腑300次，摩腹5分钟，揉脐3分钟，推下七节骨100次，拿肚角5次。

万博士食疗

◇大黄蜜糖水　大黄5克，加沸水200毫升，泡15分钟，然后加蜂蜜适量，代茶饮用。

◆ 气滞血瘀

临床特征　脘腹胀闷作痛，可波及少腹及胸胁，或痛如针刺，痛势较剧，疼痛经久不愈，痛有定处，固定不移，拒按，昼轻夜重，脉弦，舌紫黯、有瘀点（斑），指纹紫滞。

治疗原则　活血化瘀，行气止痛。

推拿处方　清脾经300次，清肝经300次，按弦搓摩50次，摩腹5分钟，揉脐3分钟，拿肚角5次。

万博士食疗

◇加味桃仁粥　桃仁21枚，生地黄30克，桂心10克，粳米100克，生姜1克。将桃仁去皮尖，桂心研成末。用生地黄、桃仁、生姜，以适量酒绞取汁。先用水煮粳米作粥，沸后下桃仁等，继续煮至熟，再调入桂心末。空腹食。

◇丹参蜜饮　丹参15克，檀香9克，炙甘草3克，蜂蜜30克。将丹参、檀香、炙甘草加水煎煮后，去渣取汁，调入蜂蜜，再煎几沸。顿饮。

腹　泻

腹泻是一种以大便次数增多，形状异常，便下稀薄或呈水样，带有不消化乳食及黏液为特征的婴幼儿常见的消化道疾病。

腹泻一年四季皆可发病，夏秋两季发病率高，2岁以内易患病。若病情严重或治疗不当，可影响小儿生长及发育，甚至危及生命。

◆ 风寒型

临床特征　便稀多沫，甚如水样，色淡臭味小，肠鸣腹痛，面色淡白，小便清长，可伴有恶寒发热，鼻塞流涕，苔薄白或白腻，脉濡缓，指纹色红或淡红。

治疗原则　温中散寒，化湿止泻。

推拿处方　补脾经300次，补大肠300次，推上三关300次，揉外劳宫100次，摩腹（逆时针方向）8分钟，揉脐、揉天枢各1分钟（用食、中、无名三指分别安置于脐、左右天枢做三指揉），揉足三里1分钟，揉龟尾300次，推上七节骨300次。

万博士食疗

◇姜茶饮 取绿茶、干姜丝各3克，放在瓷杯中，以沸水150毫升冲泡，加盖温浸10分钟代茶随意饮服。

◇糯米固肠汤 糯米30克（略炒），山药15克，共煮粥，熟后加胡椒末少许、白糖适量调服。

◆ 湿热型

临床特征 腹痛即泻，大便黄褐热臭，一日十余次，可表现为暴注下迫，便如水样，亦可为泻下黏滞不爽。肛门灼热发红，身有微热，烦躁口渴，尿少色黄，舌质红，苔黄腻，脉滑数，指纹紫红。

治疗原则 清热利湿，调中止泻。

推拿处方 清脾胃300次，清大肠300次，清小肠300次，退下六腑300次，揉天枢1分钟，揉龟尾300次，推上七节骨300次。

万博士食疗

◇乌梅汤 乌梅10枚，加水500毫升煎汤，酌加红糖，以之代茶，每日服数次。

◇橘枣茶 取红枣10枚，洗净晾干，放在铁锅内炒焦，然后取洁净橘皮10克，两味一起放入保温杯内，用沸水浸泡10分钟，饭后代茶饮，每日分2次服。

◆ 伤食型

临床特征 腹痛腹胀，腹泻量多，酸腐秽臭，常伴有不消化食物残渣，口臭嗳酸，口渴纳少，呕吐酸溲，舌苔厚腻微黄，脉滑数，指纹沉滞、色紫。

治疗原则　消食导滞，和胃止泻。

推拿处方　补脾经300次，清大肠300次，揉板门300次，运内八卦200次，揉中脘1分钟，摩腹（顺时针方向）8分钟，揉天枢1分钟，揉龟尾300次。

万博士食疗

◇**荠菜汤**　取鲜荠菜30克，加水200毫升，文火煎至50毫升，1次服完，每日2～3次。

◇**苹果汤**　取苹果1只洗净，连皮切碎，加水250毫升和少量食盐，煎汤代茶饮。适用于1岁以内的儿童，大于1岁者，可吃苹果泥。

◆ 脾虚型

临床特征　久泻不愈，或时泻时止，或食后即泻，大便清稀，或完谷不化，有大量奶瓣及食物残渣，日泻数次至十余次，食欲不振，精神疲惫，睡时露睛，面黄唇淡，舌质淡，苔薄白，脉沉无力，指纹淡红。

治疗原则　健脾益气，温阳止泻。

推拿处方　补脾经300次，补大肠300次，推上三关300次，摩腹（逆时针方向）8分钟，揉脐、揉天枢各1分钟，捏脊5遍，揉龟尾300次，推上七节骨300次，揉足三里2分钟。

万博士食疗

◇**胡萝卜汤**　取鲜胡萝卜250克洗净，连皮切成块状，放入锅内，加水适量煎烂，去渣取汁饮，每日分2～3次服用。

◇**栗子汤**　取栗子3～5枚，去壳捣烂，加适量水煮成糊状，再加白糖适量调味，每日分2～3次服用。

便秘

便秘是大便秘结不通，排便时间延长，或虽有便意，而排便困难的一种病症。

◆ 实秘

临床特征　大便干结呈羊粪状，排便困难，数日不行。伴腹痛腹胀，烦渴口臭，舌红苔黄或黄燥，脉滑实。重者肛裂出血。

治疗原则　顺气行滞，清热通便。

推拿处方　清大肠300次，运水入土100次，揉膊阳池50次，退下六腑300次，摩腹（顺时针）5分钟，揉天枢3分钟，按弦搓摩50次，揉足三里（双侧）各1分钟，推下七节骨300次。

万博士食疗

◇菜汁汤　鲜菠菜或白菜适量，煮汤饮用。

◇萝卜汁　红心萝卜捣成泥状取汁（或榨汁机取汁），白糖适量，共煮2～3分钟，温服。

◇松子仁粥　大米100克煮粥，熟前放入松子仁30克，煮至粥成，加糖食用。

◆ 虚秘

临床特征　大便艰涩不畅，伴有面色无华，神疲食少，舌红少津，脉细数。日久可引起脱肛。

治疗原则　益气养血，滋阴润燥。

推拿处方　补脾经500次，清大肠200次，运水入土200次，揉二人上马50次，按揉膊阳池50次，推上三关300次，摩腹（顺时针）5分钟，揉脐3分钟，捏脊5遍，揉足三里（双侧）各1分钟。

万博士食疗

◇黑芝麻15克，捣碎，水煎，空腹食。或黑芝麻10～20克，炒香，打碎，与鸡蛋同煎或夹入馒头、面包内，每日1～2次食用。

◇黄芪苏麻粥　黄芪10克，苏子50克，火麻仁50克，粳米250克。将黄芪、苏子、火麻仁洗净，烘干，打成细末，倒入200毫升温水，用力搅匀，待粗粒下沉时，取药汁备用。洗净粳米，以药汁煮粥。适用于气虚便秘。

疳　积

疳积，是消化吸收功能长期障碍所引起的一种慢性消耗性疾患，与现代医学所称的营养不良症相类似。疳积多见于3岁以下的婴幼儿，主要由于饮食失调，喂养不足，或脾胃虚弱，运化失常，不能生化输布水谷精微，以致气液耗伤，肌肤失养所致。其他慢性疾病久治不愈，长期消耗也能导致本病。

◆ 积滞伤脾（积滞）

临床特征　面黄肌瘦，神疲纳呆，腹痛胀满拒按，呕吐酸馊食物或溢奶，口有酸臭味，烦躁哭闹，夜眠不安，可伴身热，有时夜间两腮红赤，大便干结或溏泄秽臭，小便混浊如米泔，舌质红，苔厚腻，脉弦滑或滑数，指纹紫滞。

治疗原则　消积导滞，调理脾胃。

推拿处方　补脾经500次，揉板门300次，掐揉四横纹3次，运内八卦200次，揉中脘1分钟，分推腹阴阳50次，摩腹与揉脐相合5分钟，揉天枢、按揉足三里（双侧）各1分钟。

万博士食疗

◇**萝卜内金粥** 白萝卜100克（捣碎绞汁），鸡内金5克（焙干脆，研末），粳米30克。同煮粥，熟时加白糖适量调匀食用。每日1～2次。

◇**鹅不食草猪瘦肉汤** 鹅不食草15克（纱布包好），鸡内金5克（研碎），猪瘦肉50克。一同放碗中，加水适量，置锅中蒸至肉熟。去鹅不食草药包，加少许食盐调味服食。每日1次。

◆ 脾胃虚损（疳证）

临床特征 面色萎黄或㿠白，毛发枯黄稀疏，骨瘦如柴，精神委靡，困倦无力，或烦躁哭闹，睡卧不宁，睡时露睛，四肢不温，食纳量少，腹部凹陷，发育迟缓，大便溏薄，舌淡苔薄，脉细弱无力，指纹色淡。

治疗原则 温中健脾，补益气血。

推拿处方 补脾经500次，掐揉四横纹3次，运内八卦200次，揉外劳宫300次，推上三关300次，揉中脘5分钟，揉足三里（双侧）各1分钟，捏脊5遍。

若烦躁不安加掐揉五指节3次，清肝经300次；便溏加补大肠300次；便秘加清大肠300次，推下七节骨100次。

本病单用捏脊配合针刺四横纹，隔日1次或每周2次，效果亦好。

万博士食疗

◇**田鸡玉米粥** 田鸡5只（去皮及内脏，切块），玉米15克，大米50克。将大米和玉米先煮成稀粥，熟时加田鸡、花生油、盐适量调味，再沸片刻即可食用，每日1次。

◇**内金鳝鱼** 黄鳝1条，鸡内金6克，调料适量。将鳝鱼剖腹去内脏，洗净，切成2厘米长的段，鸡内金洗净；将鳝鱼和鸡内金同放入蒸盆内，加生姜、葱、酱油、食盐、绍酒各适量，笼蒸至熟透，调入味精。随意服食。

脱　肛

脱肛又称直肠脱垂，是指肠的黏膜层或整个直肠壁脱出肛门外的一种症状。多因气虚下陷或湿热下注所致。

◆ 气虚

临床特征　每逢大便时直肠黏膜脱出肛门外，轻者便后能自动回缩复位，重者便后需用手揉托方能复位，严重的脱肛不仅大便时脱出，而且平时啼哭、咳嗽、打喷嚏、用力等使腹内压增加时也会脱出。脱出的直肠色淡红，常有少量黏液。小儿形体消瘦，精神不振，面色无华，舌淡苔薄，指纹色淡。

治疗原则　补中益气，升提固脱。

推拿处方　补脾经300次，补肺经300次，补大肠300次，推三关300次，按揉百会100次，揉龟尾100次，推上七节骨100次，捏脊5遍。

万博士食疗

◇黄芪30克，黑芝麻10克，与适量猪大肠一起炖汤佐膳，用于因便秘而脱肛者；若大便稀溏而脱肛者，可将上方中的黑芝麻改成芡实30克，或用猪大肠与黄豆、花生米炖汤，随意服食。2岁以下小儿，弃肉饮汁即可。

◇糯米100克（水泡浸1小时后取出），与归身5克、升麻5克共放入一段（约25厘米）洗净的猪大肠内，两端用线扎牢，置锅内，加水适量，文火煮1～2小时后取出，除去猪大肠及药渣，糯饭用食盐少许调味，早晨空腹服食。

◇枳壳300克，黄芪200克，共放锅内加水适量，用文火煎煮2～3小时，去渣得药汁约400毫升，加入红糖500克，调化，再熬炼成膏状，候凉，瓶装备用。1～3岁每次服15克，4～7岁每次服20克，放口内含化或温开水送服。每日2～3次，连服至愈。

◆ 湿热

临床特征　脱出的直肠色鲜红，有少量鲜红渗出液，口干苔黄，小便色黄，大便干燥，指纹色紫。

治疗原则　清热利湿，导滞通便。

推拿处方　清脾经300次，清大肠300次，清小肠300次，退下六腑300次，按揉膊阳池50次，揉天枢1分钟，推下七节骨100次，揉龟尾100次。

万博士食疗

◇大米30克，薏苡仁60克，怀山药粉90克，猪大肠1段。将猪大肠洗净后，把各味药均放入大肠内，扎紧两头，炖熟调味服用。

◇猪直肠1段，马齿苋适量。将直肠洗净后装满马齿苋，扎紧两头，炖熟后，空腹一次服完，连服5剂即见效。

遗尿症

遗尿是指5周岁以上的小儿在睡眠中小便自遗、醒后方觉的一种病症，俗称“尿床”。本症病延日久，会影响小儿身心健康和正常生长发育，故应及早治疗。

◆ 下元虚寒

临床特征　睡中遗尿，一夜一至数次，小便清长，每遇白天疲劳，或天气寒冷时遗尿加重，面色㿠白，精神不振，头晕乏力，肢冷恶寒，大便稀薄，舌淡苔薄白或少苔，脉沉迟。

治疗原则　温补肾阳，固涩小便。

推拿处方　按揉百会2分钟，推三关300次，补肾经500次，捣小天心100次，揉脐2分钟，揉关元2分钟，揉肾俞2分钟，揉龟尾100次，推上七节骨100次，揉三阴交50次，揉涌泉50次。

万博士食疗

◇韭菜根15克，绞汁炖熟，温服，每日2次。

◇狗肉黑豆煲　狗肉150克，黑豆50克，文火炖烂，加少许食盐及作料，分次食用。

◇羊肉羹　羊肺1具（细切），羊肉120克（细切）。调味作羹，空腹食之。

◆ 脾肺气虚

临床特征　多发于病后，睡中遗尿，尿频而量少，面色㿠白，神疲气短，自汗乏力，食欲不振，大便溏薄，易反复感冒咳喘，舌淡苔薄白，脉沉细。

治疗原则　益气健脾，固涩小便。

推拿处方　补肺经500次，补脾经500次，补肾经300次，捣小天心100次，揉脐2分钟，揉关元2分钟，揉肾俞2分钟，推上七节骨100次，按揉足三里（双侧）、揉三阴交（双侧）各50次，捏脊5遍。

万博士食疗

◇鸡肠煎　小公鸡肠子1条，洗净，装入碾碎的泽泻（6岁以下每次2～6克，7～15岁每次10克）。用水炖煮，熟后吃鸡肠喝汤，数次可愈。

◇黄芪羊肚　羊肚1个，黄芪250克，黑豆30克，文火炖熟，食羊肚。

◆ 肝经湿热

临床特征　睡中遗尿，小便臊臭，色黄量少，性情急躁，目赤面红，口唇色红，口渴喜饮，大便干燥或黏腻不爽，舌红，苔薄黄，脉弦数。

治疗原则　泻肝清热利湿。

推拿处方　补肾经100次，清肝经100次，清心经100次，清小肠100次，捣小天心100次，揉脐2分钟，揉关元2分钟，揉肾俞2分钟，揉三阴交50次，揉涌泉50次。

万博士食疗

◇ **赤豆薏米粥** 赤小豆30克，生薏米30克。以上两味加适量水煮至薏米熟烂。早晚服食。

◇ **李子茶** 鲜李子150克，绿茶2克，蜂蜜25克。将鲜李子剖开后置锅内，加水400毫升，煮沸3分钟，再加茶叶与蜂蜜，沸后起锅取汁。每日1剂，分2次饮用。

尿频

小便频数又称尿频，是指小便次数增多，有急迫感而无疼痛的一种病症。中医学认为本病主要是因为小儿体质虚弱、肾气不足而无力制约水道所导致。

◆ 肾气虚

临床特征 小便频数，或滴沥不尽，色白而清，面色㿠白，四肢不温，腹部发凉，少气懒言，纳呆，舌质淡，苔薄白。

治疗原则 温补脾肾，升提固涩。

推拿处方 揉百会1分钟，补脾经300次，补肺经300次，补肾经200次，揉丹田（顺时针）5分钟，捏脊5遍，揉肾俞、揉三阴交各1分钟，横擦腰背部1分钟。

万博士食疗

◇ **核桃人参饮** 取核桃仁20克，人参6克，生姜3片，冰糖少许。将核桃仁、人参、生姜加水适量一同煎煮，取汁200毫升，加冰糖调味即可。

◆ 肾阴虚

临床特征　小便频数，或不能自禁，尿色深，夜热口干，手足心热，两颧发红，舌质红，苔少。

治疗原则　滋阴清热利湿。

推拿处方　补脾经300次，补肾经500次，补小肠经200次，揉二人上马50次，揉丹田（顺时针）5分钟，揉肾俞、膀胱俞各1分钟，揉三阴交1分钟，掐阴陵泉5次。

万博士食疗

◇杞地山药粥　取生地黄20克，山药、枸杞各50克，大米100克。将生地黄切碎，山药捣碎，和枸杞、大米共放锅内加水适量煮粥，代早餐食。每日1次。

夜　啼

夜啼是指小儿经常在夜间啼哭吵闹，或间歇发作，或持续不已，甚至通宵达旦，民间常称小儿为“夜啼郎”。多由于脾寒、心热、惊恐等引起。

◆ 脾寒

临床特征　夜间啼哭，神怯困倦，四肢欠温，食少便溏，睡善俯卧，痛时收腹，啼哭声软，面色青白，唇舌淡白，舌苔薄白，脉沉细，指纹淡红。

治疗原则　温中健脾，养心安神。

推拿处方　揉百会100次，补脾经300次，揉外劳宫300次，捣小天心100次，推三关300次，揉中脘3分钟，揉脐3分钟。

万博士食疗

◇**葱姜红糖饮** 葱根2根（切断），生姜2片，红糖15克，水煎开3分钟，热饮频服。

◇**饴糖糯米粥** 粳米或糯米常法煮粥，将熟时入饴糖适量，并可入葱丝、姜丝少许，频服。

◇**韭菜饮** 韭菜汁、姜汁各等份，开水冲服。

◆ 心热

临床特征　夜间啼哭，喜仰卧，面赤唇红，心神不宁，烦躁不安，哭声高粗，见灯火啼哭愈甚，便秘溲赤，舌尖红，苔白，脉数有力，指纹青紫。

治疗原则　清心导赤，泻火安神。

推拿处方　清心经200次，清肝经200次，清小肠300次，揉内劳宫300次，掐五指节3次，捣小天心100次，清天河水300次，水底捞月30次。

万博士食疗

◇**莲子饮** 莲子心3～5克或莲子30～60克，煎水加冰糖代茶饮。

◇**冰糖百合龙齿饮** 是将鲜百合20克洗净，加龙齿30克，冰糖适量，文火煮汁，到百合熟烂为止，取汤汁代茶饮。

◆ 惊恐

临床特征　夜间啼哭，声惨而紧，呈恐惧状，心神不宁，睡中易醒，神气怯弱，惊惕不安，面色乍青乍白，紧偎母怀，脉象与唇舌多无异常变化。

治疗原则　平肝，镇惊，安神。

推拿处方　清心经100次，清肝经100次，清脾经300次，掐揉小天心5次，掐五指节、掐精宁、掐威灵各3次，清天河水300次。

万博士食疗

◇ **蝉金散** 蝉衣9克，鸡内金15克。将二药微火焙脆研成极细末。每次1克，每日3次。

◇ **钩藤乳** 钩藤6克，乳汁50毫升。先煎钩藤15分钟取汁约30毫升，入乳汁中，食药乳，每次20～30毫升，一日内分次食完。

婴幼儿湿疹

婴幼儿湿疹是临床上常见的皮肤病，其病因较为复杂，有剧烈瘙痒、慢性病程、反复发作、难以治愈等特点，常合并哮喘、变应性鼻炎等。不仅给患儿带来痛苦，而且可以影响其饮食及睡眠，从而影响患儿的正常发育。中医称本病为奶癣。婴幼儿湿疹多为体质过敏，或为风湿所袭，搏于气血而发，常发于婴儿的颜面部，分干、湿两型。小儿推拿对湿型（湿热型）湿疹效果明显。

临床表现 形体肥胖，两颊皮肤潮红，红斑水疱，滋水渗出，甚则黄水淋漓、糜烂，黄亮色皮痂，瘙痒，大便干结，小便黄赤，舌质红，苔黄腻。

治疗原则 清热利湿祛风。

推拿处方 推坎宫3分钟，清脾土3分钟，补脾土2分钟，逆运内八卦2分钟，推四横纹3分钟，掐四横纹3次，揉小天心3分钟，揉外劳宫5分钟，揉一窝风5分钟，清天河水3分钟，退六腑3分钟，揉风市2分钟，捏脊（从大椎至长强）6遍。

万博士食疗

◇ **薏米红豆煎** 薏米30克，红小豆15克，加水同煮至豆烂，酌加白糖，早晚分服。

◇ **马齿苋煎** 鲜马齿苋30～60克，水煎，每日分数次服用，并可配合外洗。

◇冬瓜汤　带皮冬瓜250克，切块，煮汤食用。

◇黄瓜煎　黄瓜皮30克，加水煎煮沸3分钟，加糖适量，每日3次，分服。

◇绿豆海带粥　绿豆30克，水发海带50克，红糖适量，糯米适量。水煮绿豆、糯米成粥，调入切碎的海带末，再煮3分钟加入红糖即可。

肌性斜颈

小儿肌性斜颈是指以头向患侧歪斜、颜面旋向健侧为其特点的先天性疾病，俗称“歪脖”。本病早期（6个月以内）推拿治疗，效果较好。

临床表现　出生马上或数日后可发现小儿头向一侧偏斜，一侧颈部胸锁乳突肌可触及菱形肿块（部分小儿数月后可自行吸收），继而胸锁乳突肌挛缩、僵硬，头向患侧歪斜及向患侧旋转活动受限，严重者随年龄增大，可发生颜面、五官甚至肩背不对称畸形。

治疗原则　舒筋活血，软坚散结。

推拿部位　阿是穴、患侧胸锁乳突肌及颈侧部。

操作方法

1. 揉桥弓　在胸锁乳突肌上施以指揉法，上下往返操作，约2分钟，此时手法宜轻，使小儿先能适应治疗。

2. 拿桥弓　在胸锁乳突肌上施以拿法。同样上下往返，约2分钟，并以肿块处为重点，拿法要柔和，以柔含刚，比指揉法再深一层。

3. 扳颈项　一手扶住患侧肩部，另一手扶住小儿头部，两手同时向相反方向扳拉，使小儿头部渐渐向健侧肩部倾斜，称斜扳或被动扳拉活动法（即胸锁乳突肌被动牵拉伸展），反复操作10次。

4. 转颈项　双手托拿住小儿头部向上牵引的同时向患侧旋转轻摇，称被动转头活动法，反复操作10次。

说明　推揉及捏揉肌肉局部能舒筋活血，改善局部血供，缓解肌肉痉挛。被动扳拉及转头活动能拉长伸展挛缩的肌肉，有助于恢复肌肉的弹性，改善和恢复颈部功能活动。

万博士提示

◇推拿治疗时，患侧胸锁乳突肌处要撒些滑石粉，以免损伤患儿娇嫩的皮肤。有汗者，应将汗液抹干再撒滑石粉。

◇嘱患儿家长协助医生每日做患侧胸锁乳突肌的被动牵拉伸展运动。患儿睡眠时，可在头部两侧各放置一个沙袋，以纠正头部姿势。

◇在日常生活中采用与头颈畸形相反方向的动作加以矫正，如喂奶、睡眠的枕垫或用玩具吸引患儿的注意力，以帮助矫正斜颈。

◇对斜颈的治疗是愈早效果愈好。若保守治疗6个月以上无明显改善者应考虑手术矫形。

斜　视

小儿斜视即眼位偏斜，两眼的视线发生偏斜，不能同时指向同一目标，以致外界的物像不能落在两眼视网膜对应点上。临床上，小儿斜视以内斜视和外斜视为多见，俗称“斗鸡眼”和“斜白眼”。究其病因，是在平视不同距离的物体时，其眼球的运动及其在眼裂中的位置，无法由眼外肌调节，也无法受大脑皮质和皮质下中枢控制。

临床表现　本病以小儿双眼注视目标时，一眼的视线偏离目标为其临床特点。麻痹性斜视者可骤然发生，一侧斜视多见，伴有复视、头晕、眼球运动障碍、代偿性倾斜头位。共同性斜视者为逐渐发生、发展，家长常不能确定发病时间。两眼平视前方时，眼球偏于眼裂的内侧或外侧。经常斜视的一眼其视力常显著减退，但无复视、眼球运动障碍。无头昏及代偿性倾斜头位。

治疗原则　舒筋解痉，滋肝明目。

推拿处方　揉睛明100次，揉攒竹100次，揉太阳100次，揉瞳子髎

100次，揉四白100次，抹眼眶（上下）各50次，拿合谷5次，拿风池5次，推揉肝俞100次。

内斜视者，加按揉睛明200次；外斜视者，加按揉瞳子髎200次；上斜视者，加按揉球后200次；下斜视者，加按揉鱼腰200次。

万博士提示

◇看电视时，除注意保持一定距离外，不能让孩子每次都坐在同一位置上，尤其是斜对电视的位置。应时常左、中、右交换座位，否则孩子为了看电视，眼球老往一个方向看，头也会习惯性地向一侧歪斜，时间久了，6条眼肌的发育和张力就不一样，失去了原来调节平衡的作用，一侧肌肉老是处于紧张状态，另一侧则松弛，就会造成斜视。

◇注意孩子的眼部卫生或用眼卫生情况。如灯光照明要适当，不能太强或太弱，印刷图片字迹要清晰，不要躺着看书，不可长时间看电视及打游戏机与电脑，不看三维图等。

面神经炎

面神经炎的病因目前尚不十分清楚，一般认为是位于面神经管内的面神经受急性非化脓性炎症的影响，引起急性面神经功能障碍，表现为病侧面部表情肌瘫痪。起病前，部分患儿有受风寒或病侧耳后吹凉风史。急性起病，多为一侧性。任何年龄均可发病，以年轻男性较多见。

中医学认为本病易发生于气血虚弱者，因复感风寒之邪，颜面经脉气血凝滞，筋脉失养而致，有口眼㖞斜、面瘫之称。

临床表现 患儿往往是在清晨起床时发现口角㖞斜。患侧面部表情肌瘫痪：前额皱纹消失，眼裂扩大，鼻唇沟平坦，人中沟偏歪，口角下垂，面部被牵向健侧。进餐时食物易残留在患侧齿颊间隙内，并常有口水自该侧口角淌下。可伴有舌前2/3味觉减退或消失，泪点随下睑外翻而有泪外溢。同侧内耳、乳突部疼痛等。

治疗原则 祛风通络，活血散瘀。

推拿处方 揉鱼腰300次，揉太阳300次，揉下关300次，揉颊车300次，揉人中300次，揉地仓300次，揉承浆300次，抹眼轮匝肌、口轮匝肌各2分钟，擦面部（以热为度），拿风池5次，拿合谷5次，揉乳突1分钟。

万博士提示

◇对面部瘫痪肌肉用手去揉、捏。

◇对瘫痪侧肌肉和乳突部进行热疗。

近视眼

近视眼是指远视力不好的一种常见的眼科病症，多由于青少年时期用眼不当所致。本病在中医称为“能近怯远症”。推拿疗法不仅能预防近视眼，而且具有一定的治疗作用。

临床表现 近视眼最突出的症状是远视力降低，但近视力可正常。低度近视眼会引起视疲劳，高度近视眼常表现眼球较突出，在极高度近视眼可使晶状体完全不能支持虹膜，发生轻度虹膜震颤。

治疗原则 调节眼部经气，增强眼部的血液循环，改善眼肌的调节功能及神经营养，消除眼睛疲劳，从而使视力得到改善与保持。

操作方法

1. 静坐 双目自然闭合，全身肌肉放松，约2分钟。

2. 揉攒竹 以两手拇指指端分别按在左右眉内侧的凹陷处，轻轻揉动50次，以出现酸胀为宜。

3. 按睛明 用左手或右手的拇指与食指分别按在内眦角上方1分凹陷处，同时用力按揉50次。

4. 按揉四白 用左右手食指螺纹面轻按于下眼眶骨下1寸的凹陷处，感到有酸胀感时，持续揉动50次。

5. 揉太阳　太阳穴在外眼角与眉梢之间向后大约1寸的地方。用两手食指或中指螺纹面分别按在两侧太阳穴处，当有酸胀感时，再持续揉运50次。

6. 按合谷　用左手食指按于对侧合谷穴按揉50次，左右同之。

7. 揉风池　风池穴在颈后两旁凹陷处，按揉时两手食指和中指并拢，放在风池穴上，约50次。

8. 抹眼眶　用左右食指第2节内侧面紧贴上下眼眶做自内向外的抹动，先上后下，各20次。

上述方法一般每天操作1～2次，若能长期坚持，可见奇效。

万博士食疗

◇ **猪肝羹**　猪肝100克，鸡蛋2枚，豆豉、葱白、食盐、味精各适量。猪肝洗净，切成片，置锅中加水适量，小火煮至肝熟，加入豆豉、葱白，再打入鸡蛋，加入食盐、味精等调味。鸡蛋和猪肝都是富含蛋白质的食物，猪肝含维生素A较多，可营养眼球，收到养肝明目的效果，适用于儿童青少年近视（兼用于远视的食疗）。其中猪肝可用羊肝、牛肝、鸡肝代替。

◇ **枸杞肉丝**　枸杞子100克，猪瘦肉300克，青笋（或玉兰片）10克，猪油100克，作料适量。将猪瘦肉洗净，切成长6厘米左右的细丝，青笋也同样制作，枸杞子洗净。待油七成热时，放入肉丝、笋丝煸炒，加入料酒、酱油、食盐、味精，放入枸杞子，翻炒几下，淋入麻油即可。枸杞子可滋补肝肾，润肺明目。猪肉富含蛋白质，通过补益身体，使气血旺盛，以营养眼内各组织。

第九讲

勤练推拿保健操，孩子更健康

益肺防感操

主要针对平时体弱多病，容易发生感冒、咳嗽的孩子，具体操作方法如下：

1. 开天门　8×8拍（64次）。天门（攒竹）穴位于两眉中间至前发际，呈一直线，两拇指自下而上交替直推，称推攒竹，又称开天门。

2. 推坎宫　8×8拍(64次)。坎宫穴位于自眉头沿眉向眉梢，呈一横线，两拇指自眉心向眉梢分推，称推坎宫，又称分阴阳。

3. 揉太阳　8×8拍（64次）。太阳穴位于眉后凹陷处，用中指指端揉或运，称揉太阳或运太阳。

4. 揉迎香　8×8拍（64次）。迎香穴位于鼻翼旁0.5寸，鼻唇沟中，以食、中两指或两拇指分别在鼻翼两旁穴位上按揉，称按揉迎香。

5. 拿合谷　2×8拍（16次）。合谷简便取穴：以一手的拇指指间关节横纹，放在另一手拇指、食指之间的指蹼缘上，当拇指尖下是穴。拿合谷是用拇指与食指对称用力，拿手背第1、第2掌骨之间的合谷穴。

6. 擦胸　8×8拍（64次）。先用右手在胸部左右往返摩擦，再用左手在胸部左右往返摩擦。

7. 擦背　8×8拍（64次）。先用右手在背部左右往返摩擦，再用左手在背部左右往返摩擦。

8. 拿风池　2×8拍（16次）。风池穴位于颈后枕骨下缘，胸锁乳突肌与斜方肌起始部中间凹陷中，以一手拇指与食、中两指分别放在两穴上拿之，称拿风池。

健脾助运操

主要针对脾胃虚弱、食欲差、容易腹泻的孩子。具体操作方法如下：

1. 补脾经　300次。脾经穴位于拇指螺纹面。操作时，以拇指螺纹面在小儿拇指螺纹面旋推。

2. 推四横纹　400次。四横纹位于食、中、无名、小指掌面第1指间关节横纹处。操作时以右手拇指外侧从食指横纹处开始依次到小指横纹处。

3. 摩腹　5分钟。小儿取仰卧位，操作者掌心或四指并拢置小儿腹部，按顺时针方向揉摩整个腹部。

4. 捏脊　5遍。脊背的正中线，从尾骨部起至第7颈椎。即沿着督脉的循行路线，从长强穴直至大椎穴。一般每天或隔天捏脊1次，6次为1个疗程。

5. 揉足三里　足三里位于外膝眼下3寸，胫骨前嵴外侧约一横指。操作时按揉两侧穴位各300次。此穴为补益要穴，具强壮之功，能治疗一切虚弱病症。

补肾益智操

主要针对先天不足、身体发育缓慢的孩子。许多家长对注意力不集中的孩子特别烦恼，其实可以通过下面的补肾益智推拿操对孩子进行推拿，可以使其身体慢慢好起来，从此学习变得更加努力。

1. 摩囟门　8×8拍（64次）。囟门位于前发际直上三横指，用食、中、无名指做盘旋摩动。

2. 揉内劳宫　8×8拍（64次）。内劳宫位于掌心中，屈指时中指、无名指之间的中点，用拇指或食指螺纹面，或用中指指端揉本穴。

3. 揉中脘　8×8拍（64次）。中脘位于脐上4寸，用食指或中指螺纹面顺时针环形揉动。

4. 揉丹田　8×8拍（64次）。丹田位于脐下2.5寸，用手掌根或中指或拇指螺纹面揉本穴。

5. 捏脊5遍。

6. 擦八髎　8×8拍（64次）。八髎位于腰骶部，分为上、次、中、下四髎，用掌根或小鱼际擦至局部发热。

7. 按揉三阴交（双侧）8×8拍（64次）。三阴交位于内踝直上3寸，胫骨后缘凹陷中，用拇指或中指指端按揉本穴。

8. 推擦涌泉（双侧）8×8拍（64次）。涌泉位于前1/3脚掌正中凹陷处，从涌泉穴用拇指螺纹面向趾尖方向推擦。

附 录 一

小儿推拿的形成

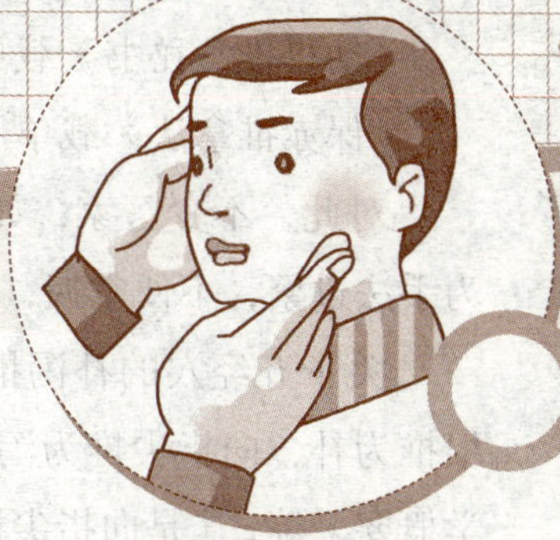

小儿推拿在中国历史悠久，是中华医药学中的一绝。

早在西汉帛书《五十二病方》中就记载有用勺匙的周边刮擦患儿病变部位以治疗疾病。

晋代《肘后备急方》介绍用捏脊方法以治疗腹痛。

唐代《备急千金要方》中介绍用膏摩小儿囟上及手足心以祛除风寒。

唐代《外台秘要》记载用按摩头面及脊背以防治小儿夜卧不安。

宋代《苏沈良方》中有掐法治疗脐风口撮等症的记载。

明清时期，推拿疗法在儿科得到了广泛的应用，并发展成为小儿推拿专科。这一时期出版了近30多种小儿推拿专著，现在尚存约10种，其中《针灸大成》中的《按摩经》（1601年）为现存最早的小儿推拿著作，而《小儿推拿方脉活婴秘旨全书》为现存最早的小儿推拿专著（单行本）。

《小儿按摩经》的问世，创立了小儿推拿的理论体系，标志着小儿推拿开始了发展的新纪元。

后世医家在《小儿按摩经》的基础上不断进行补充，小儿推拿的学术思想逐渐成熟。与此同时，由于不同地域的医家对《小儿按摩经》的理解不同及对小儿生理病理的认识差异，对小儿推拿包括穴位、手法、操作方法等产生不同的理解，逐渐发展成为小儿推拿的不同流派。

手　法

《小儿按摩经》载单一手法8种、复式手法28种。

《幼科推拿秘书》载单一手法42种、复式手法13种。

《保赤推拿法》载单一手法12种、复式手法86种。

对此，不少医家，如夏禹铸、龚廷贤、周于蕃、钱祖荫等提出异议，认为手法过繁，不便掌握，对临床无效者应予删除。

关于五经穴的补泻推法，古今医家也持两种截然相反的观点：一是向指根推为补，向指尖推为泻（清），如《幼科铁镜》、《推拿三字经》、《小儿推拿学概要》等；二是向指尖推为补，向指根推为泻，如《小儿推拿广意》、《推拿功法与治病》、《推拿问答》等。当代小儿推拿名家金义成则持实在而慎重的态度："究竟手法的方向……怎样才为补，怎样才为泻，尚有待科学地分析和研究……并不能因此就不讲究手法的方向……对于手法补泻实质问题的研究也当积极进行。"

复式手法是将多穴位、多种手法联合运用的手法，因其疗效较单一手法和穴位更为显著，所以备受儿科推拿医家的重视。但自明代创立至今，由于历代医家对其理解、师承不同，所以，对该法的操作大相径庭，存在"同名异法"的现象：有的差别不大，如运土入水，一法运至小指根，另一法运至小指尖；有的却大相径庭；有的却高达6～7种之多，如黄蜂入洞。

对补泻手法的认识自古也有争议：

有以手法操作方向规定补泻的，即下推、旋推、逆时推、向心推、向指根推为补，反之为泻，如《小儿按摩经》、《幼科铁镜》、《幼科推拿秘书》等。

有以手法操作时的轻重缓急来定补泻的，即轻缓为补，反之为泻，如《厘正按摩要术》等。

当代以上海、湖南等地为代表的医家，则采用"旋推为补，向指根方向直推为清"的补泻方法。

而以山东为代表的医家，却主张"向心推为补，离心推为泻，来回推为清（平补平泻）"的补泻方法。

本书从临床实际出发，对以往手法进行梳理，将小儿推拿单一手法归纳为按、摩、掐、揉、推、捏、摇、拿、运、捣10种，复式手法归纳为黄蜂入洞、摇㪃肘法、运土入水、运水入土、水底捞月、打马过天河、开璇玑法、按弦搓摩、揉脐及龟尾并擦七节骨、按摇肩井法10种，切合临床实用。

特定穴

小儿推拿特定穴是历代医家在长期医疗实践中总结出的适合小儿特点的一组穴位，它们不像十四经穴那样有线路相连成经络系统，而是大多数分布在头面和四肢（特别是双手），具有点、线（如前臂的“三关”、“六腑”）和面（如手指掌面部的“脾”、“肝”、“心”、“肺”、“肾”等）的特点。

自徐用宣《袖珍小儿方》提出“大敦”、“中臁”、“涌泉”、“仆参”、“承山”等小儿推拿特定穴后，历代医家多有阐发。如《小儿推拿广意》载72穴。由于穴位趋繁，导致“一穴多位”以及定位模糊等现象的发生。

对此，不少医家结合自己的心得对以往特定穴进行了梳理，如夏禹铸在《幼科铁镜》“掌面水底捞月中引水上天河图”注文中指出：“大指面属脾，画家画手掌，不把大指画正面，乃画家之正法。前人只得以脾土字，写在侧边，后人误认，以讹传讹，遂以大指之侧边为脾。”并认为“推三关、退六腑、运八卦，男女均在左手”；张筱衫《厘正按摩要术》除对小儿手上的特定穴位加以归纳整理，将以脏腑命名的穴位均列于五指掌面的第1、第2、第3节外，更认为“欲求穴道，非图不明”，故特列《铜人》十四图于前，其后附有正身图、覆身图、阳掌阴掌图、足部图以注明，为后世取穴提供了范例。

流派

影响较大的小儿推拿流派有山东地区的推拿三字经流派、孙重三推拿流派及张汉臣推拿流派，北京地区的小儿捏脊流派，上海地区的海派儿科推拿和湖南地区的刘开运儿科推拿流派。除此以外的小儿推拿的众多流派，有的昙花一现，有的囿于狭小的区域，还有的缺少理论总结和著述，因而大都流失了。现将各流派介绍如下。

◆ 推拿三字经流派

以山东青岛市中医院已故老中医李德修为代表。

李德修（1892—1972），男，山东省胶东人，任青岛市中医院儿科主治医师。他是清末胶东著名老中医徐谦光的第四代传人，继承了徐谦光推拿学派之精华并有所发展，著有《李德修小儿推拿技法》一书。

该派常用穴仅三十有余，其手法亦较其他学派简单，归纳起来只有推、拿、揉、捣、分合、运6种。

主张取穴少而精，还强调用"独穴"治病。所谓"独穴"，就是在一定的情况下，只取一个穴位多推久推，以得效为度。特别是对急性胃肠病症，更主张用独穴治疗。

在辨证上，主张祛邪为先，重视小儿纯阳之体，取穴少而多用清法。认为小儿患病临床多表现为实证或虚中夹实之证，纯虚者较为少见，所以论治小儿，实证用清法，虚中带实亦多用清法。

在处方取穴上，因小儿具有"脾常不足"、"肺脏娇嫩"、"肝常有余"等生理、病理特点，根据木能克土、"木火刑金"之理，临床取穴常常首选平肝穴，治疗呼吸道疾病喜取平肝、清肺、清天河水、运八卦、揉一窝风等，治疗消化道疾病常用平肝、清胃经、清天河水、清大肠、运八卦、清板门、揉外劳宫等。

◆ 孙重三推拿流派

以山东中医学院附属医院已故老中医孙重三为代表。

孙重三（1902—1978），男，山东省容城县柳公社不夜村人。孙重三20岁时拜老中医林淑圃为师，至此步入医林。于1957年1月进山东中医进修学校深造，1958年任该校教员，1959年调山东中医学院儿科教研室及其附属医院推拿科主任。孙重三以林淑圃的推拿手法为基础，结合个人的临床实践，编著有《小儿推拿疗法简编》、《通俗推拿手册》等书。

该流派常用的穴位有70多个，手法以按、摩、掐、揉、推、运法最常用，搓、摇多做辅助，手法轻巧、柔和、渗透，并继承了林淑圃"十三大手法"——

摇㪂肘、打马过天河、黄蜂入洞、水底捞月、飞经走气、按弦搓摩、二龙戏珠、苍龙摆尾、猿猴摘果、擦脐及龟尾并擦七节骨、赤凤点头、凤凰展翅、按肩井。

首重“天人合一”的整体观念，诊病强调闻诊和望诊。施术时聚精会神，把意念集中于施术部位，手法轻巧、柔和、渗透。

在取穴上，该派多用手穴加体穴，治疗呼吸道疾病常用“四大手法”（开天门、推坎宫、运太阳、运耳后高骨）及揉二扇门、拿肩井、拿风池、揉肺俞、运内八卦、揉膻中、按弦搓摩等；治疗消化道疾病多取推脾土、分腹阴阳、运内八卦、侧推大肠（即清大肠）、推上三关、天门入虎口、推天柱骨、揉足三里、摩腹、拿肚角、揉脐及龟尾、推七节骨。

◆ 张汉臣推拿流派

以山东青岛医学院附属医院已故老中医张汉臣为代表。

张汉臣（1910—1978），山东蓬莱县人。15岁学习中医，17岁拜民间艾老太太为师，学习推拿而步入推拿界，挂牌行医。张汉臣于1954年进中医进修学校深造两年，1957年以后在青岛医学院附属医院从事临床医疗及教学工作。著有《小儿推拿概要》一书。

该流派选用的穴位有70多个，但常用的仅10余个。手法有推、揉、运、分、捏等。

在处方选穴上，选穴配伍较多，且常首选补肾水，治疗呼吸道疾病善用揉小天心、揉一窝风、补肾经、清板门、清天河水、逆运内八卦、揉二马、揉小横纹（即掌小横纹穴）等，治疗消化道疾病常用补肾水、揉二人上马、补脾土、揉小天心、揉一窝风、逆运内八卦、推四横纹、清板门、清大肠、清天河水、挤捏神阙。

◆ 小儿捏脊流派

以北京地区已故捏积专家冯泉福为代表。

冯泉福（1902—1989），北京人，幼承家学，20岁时随父学习捏积，为冯氏捏积术的第四代传人，1959年调入北京中医医院儿科工作。其弟子李志明根据其学术思想编著《小儿捏脊》一书，并将捏脊疗法的主治范围扩大，通治小儿诸病。

该流派手法有8种，称为“捏脊八法”，即捏、拿、推、捻、提、放、按、揉8种基本手法。捏脊手法亦分补泻，捏脊从长强穴开始至大椎穴结束为补法，反之则为泻法；若捏一遍补法接着再捏一遍泻法，补泻法交叉进行则为平补平泻法。捏脊，因其长于治疗儿科积聚一类疾病，又称为“捏积”，故该流派对小儿积证有其独到见解，将小儿积证分为乳积、食积、痞积和疳积4类，并进一步将疳积划分为脾疳、疳痢、疳肿胀、疳嗽、眼疳和牙疳5类，形成了冯氏四积五疳说；并指出捏脊疗法旨在通过捏拿患者督脉（因十二经脉隶属督脉），达到经络的良性感传，加之刺激膀胱经上有关的腧穴，恢复受损之脏腑，疏通阻滞之气血，从而使停滞之食物得以运行消化。小儿捏脊流派在北京地区影响颇大，冯泉福有“捏积冯”之美称。

◆ 海派儿科推拿

以上海地区小儿推拿名家金义成为代表。

金义成，1944年8月出生于上海，是上海中医药大学小儿推拿教研室主任，岳阳医院推拿科主任，上海国际推拿针灸学院院长。学承中医一指禅推拿、㨰法推拿、内功推拿、儿科推拿，对推拿发展史、历代推拿文献、药摩方颇有研究，以儿科推拿见长，甚有心得。著有《小儿推拿》、《小儿推拿图解》、《海派儿科推拿图谱》等书。

海派儿科推拿的学术特色在于兼收并蓄，着重创新。该流派手法除了继承按、摩、掐、揉、推、运、搓、摇等传统八法外，还融入了上海地区的一指禅推拿、㨰法推拿、内功推拿三大流派的手法，并称之为“推拿十六法”。

在治法的运用上，除了传承“汗、吐、下、和、温、清、补、消”八法之外，提出了“通”法的应用，揭示推拿能使“寒热咸和”，具有“开达抑遏”、“疏通气血”、“开关利气”的功用。在临证时强调“痛则通”、“不痛则不通”，根据“通则不痛，不通则痛”原理，而寻求病症异常的反应点，通过在痛点的治疗，达到祛除病痛的目的。在理论上，基于推拿以手法为防治病症的主要手段，加之小儿特定穴位有点、线、面的特点，且穴位和部位同用，因而提出了“穴部”的观点。

此外，对于小儿推拿对象的界定，金义成根据其个人经验特别指出，小儿推拿穴位和复式操作法的应用，主要是针对6周岁以下的儿童，对3周岁以下的效果更佳。对于6周岁以上的儿童，其取穴和手法可相应采取类似成人推拿的方法。

◆ 刘开运儿科推拿流派

以湖南地区推拿名家刘开运为代表。

刘开运（1918—2003），湖南省推拿委员会主任委员，湖南省首批审定的50位名中医之一。苗汉后裔，御医后代，家族业医已三四百年，祖传中医、草医、推拿三套绝技，熔汉、苗医药于一炉，独树一帜，尤擅长儿科推拿。主编《中华医学百科全书·小儿推拿学》一书。

该流派在手法上以推揉为主，拿按为次，兼以摩、运、搓、摇、掐、捏，称为“刘氏小儿推拿十法”。临床上刘开运往往将揉法与掐、按法相结合，形成复合手法，其常用形式有3种：揉中加按法、揉按法、掐后加揉法。肺俞、膻中、乳根、乳中、中脘、足三里、涌泉等穴部多用揉按或揉中加按法，偏重于止咳、平喘、止呕、止泻、止痢；百会、人中、承浆、四横纹、一窝风等穴部多用掐后加揉法，偏重于止痉、止痛、醒神；龟尾、神阙等穴部多单施揉法，主要用于消化系统疾病的治疗。

刘开运在小儿推拿的辨证立法推治运用中，擅长运用五行学说的生克制化之理，确定其补母、泻子、抑强、扶弱的治疗原则，以作为指导临床推治时取穴、主补、主泻的依据，并且在临床具体运用中以推五经多用。他提出：脾经宜用补法不宜用清法（即泻法），若用清法，清后要加补法；肝经、心经宜用清法不宜用补法，若用补法，补后要加清法；肺经既可用清法，亦可用补法；肾经宜用补法而不宜用清法。

总之，各个流派，虽临床取穴不同，但都能治愈疾病，其目的是一致的——调整阴阳，祛除病邪或扶正祛邪，治愈疾病。

小儿推拿不管是哪种流派，只要能治好小儿的病，并且能让小儿的身体越来越健康，那就应该发扬光大。

附录二

小儿推拿传世歌赋精选

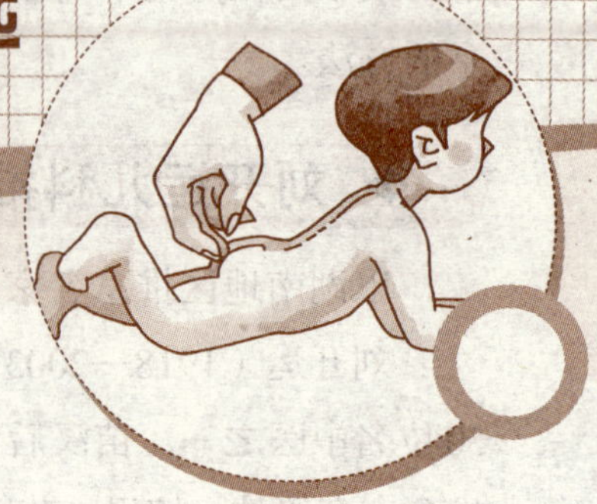

小儿无患歌（《小儿推拿方脉活婴秘旨全书》）

孩童常体貌，情志自殊然。
鼻内干无涕，喉中绝无涎。
头如青黛染，唇似点朱鲜。
脸方花映竹，颊绽水浮莲。
喜引方才笑，非时手不掀。
纵哭无多哭，虽眠未久眠。
意同波浪静，性若镜中天。
此候俱安吉，何愁疾病缠。

面色图歌（《针灸大成》卷十）

额印堂、山根：
额红大热燥，青色有肝风。
印堂青色见，人惊火则红。
山根青隐隐，惊遭是两重。

若还斯处赤，泄燥定相攻。

年寿：

年上微黄为正色，若平更陷夭难禁。

急因痢疾黑危候，霍乱吐泻黄色深。

鼻准、人中：

鼻准微黄赤白平，深黄燥黑死难生。

人中短缩吐因病，唇口黑候蛔必倾。

正口：

正口常红号白平，燥干脾热积黄生。

白主失血黑绕口，青黄惊风尽死形。

承浆、两眉：

承浆青色食时惊，黄多吐逆痢红形。

烦躁夜啼青色吉，久病眉红死症真。

两眼：

白睛赤色有肝风，若是黄时有积攻。

或见黑睛黄色现，伤寒病症此时踪。

风池、气池、两颐：

风气两池黄吐逆，躁烦啼叫色鲜红。

更有两颐胚样赤，肺家客热此非空。

两太阳：

太阳青色惊方始，红色赤淋萌蘖起。

要知死症是何如，青色从兹生入身。

两脸：

两脸黄为痰色咽，青色客忤红风热。

伤寒赤色红主淋，二色请详分两颊。

两颐、金匮、风门：

吐虫青色滞颐黄，一色颐间两自详。

风门黑疝青惊水，纹青金匮主惊狂。

辨小儿五色受病症：

面黄青者，痛也。

色红者，热也。

色黄者，脾气弱也。

色白者，寒也。

色黑者，肾气败也。

哭者，病在肝也。

汗者主心，哭者主脾而多痰，啼者主肺而有风，睡者主肾有亏。

认色歌（《小儿按摩经》）

眼内赤者心实热，淡红色者虚之说。

青者肝热浅淡虚，黄者脾热无它说。

目无精光肾虚诀：

儿子人中青，多因果子生。

色若人中紫，果食积为痞。

人中现黄色，宿乳蓄胃成。

龙角青筋起，皆因四足惊。

若然虎角黑，水扑是其形。

赤色印堂上，其惊必是人。

眉间赤黑紫，急救莫沉吟。

红赤眉毛下，分明死不生。

命门部位歌（《小儿按摩经》）

中庭与天庭，司空及印堂。

额角方广处，有病定存亡。

青黑惊风恶，体和润泽光。

不可陷兼损，唇黑最难当。

青甚需忧急，昏暗亦堪伤。

此是命门地，医师妙较量。

面眼青肝病，赤心、黄脾、白肺、黑肾病也。

面部五位歌（《小儿按摩经》）

面上之症额为心，鼻为脾土是其真。
左腮为肝右为肺，承浆属肾居下唇。

各穴用法总歌（《幼科推拿秘书》）

心经一掐外牢宫，三关之上慢从容。
汗若不来揉二扇，黄蜂入洞有奇功。
肝经有病人多痹，推补脾土病即除。
八卦大肠应有用，飞金走气也相随。
咳嗽痰涎呕吐时，一掐清肺次掐离。
离宫推至乾宫止，二头重实中轻虚。
饮食不进补脾土，人事瘦弱可为之。
屈为补兮直为泄，妙中之妙有玄机。
小水赤黄亦可清，但推肾水掐横纹。
短少之时宜用补，赤热清之得安宁。
大肠有病泄泻多，侧推大肠久按摩。
分理阴阳皆顺息，补脾方得远沉疴。
小肠有病气来攻，横纹板门推可通。
用心记取精灵穴，管叫却病快如风。
命门有病元气亏，脾土大肠八卦为。
侧推三关真火足，天门斗肘免灾危。
三焦有病生寒热，天河六腑神仙诀。
能知取水解炎蒸，分别阴阳掐指节。
膀胱有病作淋疴，补水八卦运天河。

胆经有病口作苦，重推脾土莫蹉跎。
肾经有病小便涩，推动肾水即清澈。
肾脉经传小指尖，依方推掐无差忒。
胃经有病食不消，脾土大肠八卦调。
胃口凉时心做哕，板门温热始为高。
心经有热发迷痴，天河水过作洪池。
心若有病补上膈，三关离火莫推迟。
肝经有病人闭目，推动脾土效即速。
脾若热时食不进，再加六腑病除速。

手法治病歌（《幼科推拿秘书》）

水底明月最为凉，清心止热此为强。
飞金走气能行气，赤凤摇头助气良。
黄蜂入洞最为热，阴症白痢并水泻。
发汗不出后用之，顿叫孔窍皆通泄。
大肠侧推至虎口，止吐止泻治根源。
疟痢羸瘦并水泻，心胸痞满也能痊。
掐肺经络节与离，推离往乾中要轻。
冒风咳嗽并吐逆，此筋推掐抵千金。
肾水一纹是后溪，推下为补上为清。
小便闭塞清之妙，肾经虚损补为能。
六腑专治脏腑热，遍身潮热大便结。
人事昏沉总可推，去火浑如汤泼雪。
总筋天水皆除热，口中热气并刮舌。
心经积热火眼攻，推之即好真妙诀。
五经运通脏腑塞，八卦开通化痰逆。
胸膈痞满最为先，不是知音莫与泄。
四横纹和上下气，吼气肚痛掐可止。

二人上马清补肾，小肠诸病皆可理。
阴阳能除寒与热，二便不通并水泻。
诸病医家先下手，带绕天心坎水诀。
天门双掐至虎口，抖肘重揉又生血。
一掐五指节与离，有风被喝要须知。
小天心能生肾水，肾水虚少推莫迟。
板门专治气攻促，扇门发热汗宜通。
一窝风能治肚痛，阳池穴上治头痛。
外牢治泄亦可用，拿此亦可治头痛。
精灵穴能医吼气，威灵猝死能回生。

推拿小儿总歌诀（《幼科推拿秘书》）

推拿小儿如何说，只在三关用手诀。
掐在心经内劳宫，热汗立至何愁雪。
不然重掐二扇门，大汗如雨便休歇。
若推痢疾并水泻，重推大肠经一节。
侧推虎口见功夫，再推阴阳分寒热。
若问男女咳嗽诀，多推肺经是法则。
八卦离起到坎宫，中间宜手轻些些。
凡运八卦开胸膈，四横纹掐和气血。
五脏六腑气候闭，运动五经开基塞。
饮食不进儿着吓，推动脾土就吃得。
饮食若进人事瘦，曲指补脾何须歇。
直指推之便为清，曲指推之为补诀。
小儿若作风火吓，多推五指指之节。
大便闭塞久不通，盖因天腑有积热。
小横肚角要施工，更掐肾水下一节。
口出臭气心经热，只要天河水清澈。

上入洪池下入掌，万病之中都去得。

若是遍身不退热，外劳宫旁多揉些。

不问大热与大炎，更有水底捞明月。

天门虎口斛肘决，重操顺气又生血。

黄蜂入洞医阴病，冷气冷痰都治得。

阴地穴掐心头痛，一窝风掐肚痛绝。

威灵总之救暴亡，精宁穴治打逆噎。

男女眼若往上翻，重掐小天心一穴。

二人上马补肾经，治得下来就醒些。

男左女右三关推，上热退之冷如铁。

寒者温之热者清，虚者补之实者泻。

仙人留下救儿诀，后学殷勤谨慎些。

推拿代药赋（《幼科铁镜》）

夏禹铸曰：前人忽略推拿，卓溪今来一赋。寒热温平，药之四性；推拿揉掐，性与药同。用推即是用药，何可乱推。推上三关，代却麻黄肉桂。退下六腑，替来滑石羚羊。水底捞月，便是黄连犀角。天河引水，还同芩柏连翘。大指脾面旋推，味是人参白术；泻之则为灶土石膏。大肠侧推虎口，何殊诃子炮姜；反之则为大黄枳实。涌泉右转不揉，朴硝何异？一推一揉右转，参术无差。食指泻肺，功并桑皮桔梗。旋推止咳，效争五味冬花。精威拿紧，岂羡牛黄贝母。肺俞重揉，漫夸半夏南星。黄蜂入洞，超出防风羌活。捧耳摇头，远过生地木香。五指节上轮揉，乃祛风之苍术。足拿大敦鞋带，实定掣之钩藤。后溪推上，不减猪苓泽泻。小指补肾，焉差杜仲地黄。

涌泉左揉，类夫砂仁藿叶。重揉手背，同乎白芍川芎。脐风灯火十三，恩符再造。定惊元宵十五，不啻仙丹。病知表里虚实，推拿重症能生。不谙推拿揉掐，乱用便添一死。代药五十八言，自古无人道及。虽无格致之功，却是透宗之赋。

《推拿三字经》浅释

徐谦光　名宗礼，字谦光，号秩堂公。

奉萱堂　侍奉母亲治病。

药无缘　母亲服药即吐，无法治疗。

推拿恙　用推拿治疗母病，不药而愈。

自推手　从此开始用推拿为人治病。

辨诸恙　辨明证候，确定推拿治法。

定真穴　找出治病的有效穴位。

画图彰　画图明示各穴的部位，以备后人学习。

上疗亲　对上治疗双亲或长辈之疾。

下救郎　对下解救百姓孺婴之患。

推求速　推拿应速度快，以每分钟200次左右为宜，速度快可加强气血进行，消除病邪，推大人应快且重，推小儿应快而轻。

惟重良　推拿注重良方，辨证取穴、手法轻重适当，即可见效。

独穴治　独穴是指只取一个穴位治病，久推，以取效为度。

大三万　16岁以上为大人。推按3万次，约相当150分钟。成人皮坚、感觉较钝，推拿次数宜多，时间宜长，临床不必拘泥定数。

小三千　5～15岁为小。小儿形体结构和生理功能均未发育成熟，推拿次数宜少。

婴三百　4岁以下为婴。婴儿气血脆弱、皮肤较嫩、感觉灵敏，推拿次数更要减少。

加减良　推拿次数，应根据体质强弱、年龄大小、病情轻重，灵活运用。

分岁数　区分病人年龄大小。

轻重当　看明病的轻重，选用适当手法进行治疗。

从吾学　自从我学习、动用推拿治病以来。

立验方　不断总结经验，创立用独穴治病的有效良方。

宜熟读　对已有的良法，应熟读牢记。

勿心慌　临床施治认真仔细，切勿粗心大意。

治急病　治疗急厥、霍乱等一些急性病。

一穴良　以独穴为佳。

大数万　用独穴为大人治病，推拿的时间要长，大约需要推拿数万次。

立愈恙　只要取穴正确，用足够的推拿时间，病可立愈。

幼婴者　指4岁以下的小儿。

加减量　按照年龄、病情决定推拿次数的多少。

治缓症　治疗兼症、痨伤或外感内伤等一些慢性病。

各穴量　辨病取穴，推数要足。

虚冷补　虚冷者为气亏当用补法，血亏当用清补法。

热清当　热病当用清法治疗。

大察脉　大人应诊脉、察色，判断脉主何证，色主何脏。

理宜详　按医理运用四诊八纲，详细辨证。

浮沉者　浮主表证，轻手可得；沉主里证，推筋着骨。

表里恙　辨明是表证还是里证。

迟数者　三至为迟，迟为冷；六至为数，数为热，以辨别寒热。

冷热伤　病有寒热之分。

辨内外　辨明是由内因引起，还是由外因引起。外因为六淫疠气，内因为七情劳倦，也有内因外因两伤者。

推无恙　只要分清表里寒热，辨明何病，推之立愈。

虚与实　指虚脉与实脉。

仔细详　诊脉应仔细辨别。

字廿七　27种脉象。

脉诀讲　脉诀讲的27种脉象中，有脉与证不相符者，应仔细辨别思考。

明四字　明辨浮、沉、迟、数4种基本脉象。

治诸恙　诸病不外此4种基本脉象。

小婴儿　小儿寸口短小，只用一指诊脉，辨明迟数，迟主寒，数主热。

看印堂　小儿以望诊为主，诊脉不如察看印堂色泽。印堂在两眼中间，睛明之上。

五色纹　指印堂部位出现的青、红、黄、白、黑5种色纹。

细心详　印堂穴用水洗净后，细心详细地观察五色变化，按色诊病。

色红者　红色属心，色红者，为肺心同受热；色紫为热甚。

心肺恙　凡印堂有红筋红色，皆心肺之疾。

俱热症　皆属热证。

清则良　根据热则清之、实则泻之、虚则补之的原则，热病宜用清法。

清何处　看清印堂五色纹，辨明病在何处，决定当用哪个穴位。

心肺当　印堂红色，应清心穴、肺穴；心经有热，不能直接清心穴，可用天河水穴代替。

退六腑　若色紫则为热甚，必须大清，用退大热的六腑穴。

即去恙　推拿到热退为止。

色青者　青色属肝，印堂色青。

肝风张　为肝风内动。

清补宜　必须辨明病的虚实，实则清之，虚则补之。

自无恙　清补得宜，自能愈病。

平肝木　肝为将军之官，可平不可补，虚则补其母，补肾即补肝。

补肾脏　五行之中水生木，肾为肝之母，肝虚可补肾水以养肝木。

色黑者　黑色属肾，印堂色黑。

风肾寒　为风寒入肾，其色黑，病寒证。

揉二马　独穴治，久揉二马，大补肾中水火而祛寒，功同八味丸。

清补良　若上热下寒，必须清上暖下。

列缺穴　惊风必须拿列缺急救，肾寒拿之出汗，风邪即散。

亦相当　列缺穴能解寒火，止惊搐，用之相宜。

色白者　白色属肺，肺为肾之母，印堂色白。

肺有疾　为肺有痰。

揉二马　此穴属肾经，肾为肺之子，肾虚水泛为痰，先揉二马取热。

合阴阳　自阴阳穴向中间合推，为合阴阳。

天河水　天河水能清上焦之热，重推痰即散。

立愈恙　痰涎壅盛先揉二马，再合阴阳，重推天河水，推之恰当，痰化可愈。

色黄者　黄色属脾，印堂色黄者。

脾胃伤　为脾胃之症。小儿多脾胃病，饮食不节，恣食生冷必伤脾胃。

若泻肚　小儿腹泻，多因脏腑娇嫩、脾胃薄弱、喂养不当损伤脾胃引起，久泻脾虚，肠胃积滞，功能失调。

推大肠　大肠穴在食指外侧上节。

一穴愈　推大肠一穴即愈，屡验有效。

来往忙　来回推之为清补大肠，凡清之气下降，补之气上升，清补则和血顺气，利小便而止大便，故泻肚痢疾，来回多推大肠一穴，有良效。

言五色　指青、红、黄、白、黑五色，根据五色配五脏，辨病取穴。

兼脾良　脾主运化，小儿饮食不节，无不伤脾，故腹泻加推脾穴。

曲大指　大指属脾经，若补必须曲指推。

补脾方　脾为后天之本，主运化水谷，凡脾胃病多用。

内推补　曲大指向内推为补。

外泻详　直推向外推为泻，来回推为清补。

大便闭　便秘多因脾热、脾燥所致。

外泻良　拇指伸直向外推为泻脾，火旺者泻之。

泻大肠　大肠与肺相表里，便秘肠结乃因肺燥，肺燥大肠亦燥，必须用泻法推大肠。

立去恙　脾肺为母子关系，若燥，泻之立愈。

兼补肾　肾为先天，脾为后天，相互资生，相互促进，关系密切，治疗便秘时须兼补肾。

愈无恙　按以上配穴推拿，可彻底治愈。

若腹痛　腹痛之因，非寒即热。

窝风良　一窝风穴能治下寒腹痛。

数在万　感寒腹痛揉一窝风，轻症一万次，重症数万次。

立无恙　力到数足，痛止立愈。

流清涕　鼻流清涕者。

风寒伤　因外感风寒所致。

蜂入洞　用食、中两指入鼻孔，左右旋转，名黄蜂入洞。

鼻孔强　鼻孔为肺窍，左右旋转揉之，可以发汗祛风寒。

若洗皂　用食、中两指分开，在鼻翼两旁推揉。

鼻两旁　洗皂穴位于鼻两旁。

向下推　屈食、中两指向下推之。

和五脏　可调和五脏之气，小儿用此穴。

女不用　女子不用洗皂穴。

八卦良　用运八卦也能调和五脏之气。

若泻痢　泻肚、痢疾二症。

推大肠　用推大肠一穴治之，其验如神。

食指侧　食指外侧为大肠的真穴。

上节上　食指外侧第3节，穴位如豆粒大小。

来回推　用力均匀往返推之，根据病情轻重，定推拿次数。

数万良　病重者推的时间长，可达数万次。

牙痛者　肾主骨生髓，齿为骨之余，骨为髓之府。牙痛分虚实，此指虚火牙痛。

骨髓伤　入病伤阴，肾精耗损，阴虚火旺，致虚火牙痛。

揉二马　二马穴能补肾益精，滋阴降火。

补肾水　补肾水能滋阴潜阳，治虚火上炎。

推二穴　若推二马、肾水二穴不效，牙痛反加重者，为实火牙痛，应重推六腑以愈为止。

数万良　少则不验，必须多推。

治伤寒　治疗伤寒。

拿列缺　重拿双手列缺穴，令毛孔全开。

出大汗　用力久拿，自头至足必须出大汗。

立无恙　寒邪随汗而出，表解病愈。

受惊吓　小儿受惊，先掐五指节，每节掐7下。

拿此良　然后，再拿列缺穴即愈。

不醒事　昏迷不省人事，目闭口紧阴脉不绝者。

亦此方　拿列缺必醒。

或感冒　伤风等一切外感病。

急慢恙　急惊风、慢惊风等。

非此穴　非拿列缺不能爽快治好，故称仙手，即指此穴。

不能良　一切邪入心包、闭窍昏迷、动风发搐诸症，非此穴不能愈。

凡出汗　推拿出汗或自汗、盗汗时。

忌风扬　应避风，令汗自干为要。

霍乱病　霍乱病有三，阴泻、阳吐、阴阳者上吐下泻，必须分明。

暑秋伤　发病多在暑后秋前，因中暑气，又中寒气所致。

若上吐　上吐者为阳霍乱，因受暑过重，胃气上逆所致。

清胃良　止吐用清胃法。

大指根　从腕横纹至大指根横纹，大鱼际肌的外侧缘属胃经。

震艮连　震、艮是八卦穴中的两个方位，在大鱼际肌的内侧。

黄白皮　大鱼际肌外侧缘白皮与掌背黄皮交界处，上起大指根横纹，下齐艮卦部位，为胃经穴所在，自艮向外推为清胃经。

真穴详　以上黄白皮部位，为胃的真穴所在。

凡吐者　凡呕吐者。

俱此方　皆因胃气不降，反而上逆所致，清胃经可使胃气下降，所以都用清胃经。

向外推　自鱼际外缘黄白皮交界处，从艮卦处掌边高骨起，向外推至大指掌根横纹为清法，反之则为补法。清之则气下降，补之则气上升，因胃气下行为顺，故只用清法，不用补法。

立愈恙　胃气下降而不上逆，呕吐可愈。

倘泻肚　下泻者为阴霍乱，因暑轻寒重所致。

仍大肠　仍来回推清大肠，利小便、止大便，泻立愈。

吐并泻　上吐下泻为阴阳霍乱（古人把上吐下泻并作的急性病统称霍乱，它包括烈性传染病的霍乱和一般夏秋间常见的急性胃肠炎）。

板门良　治此病板门穴为好，板门穴属脾胃，脾虚作泻，胃虚作吐，板门能通达上下之气。

揉数万　重揉多推，立愈（徐谦光治上吐下泻霍乱多人，取板门独穴治之，推数在3万左右，病去如矢）。

进饮食　板门之穴属脾胃经，又能运达上下之气，故能进饮食。

亦称良　板门穴治上吐下泻及心口痛（即胃痛）皆有良效。

瘟疫者　瘟疫是指两脉细数，传染于人，虽出汗而热不解的一种病。

肿脖项　瘟疫结于项，出现耳垂下温肿疼痛，俗称“痄腮”、“蛤蟆瘟”，即现代的“流行性腮腺炎”。

上午重　上午病重属阳证。

六腑当　重推六腑，以愈为止。此穴大凉去火（徐谦光在同治十二年，救治肿脖瘟多人，喉无线孔，命在须臾，单推此穴，推数约3万次，无不立愈）。

下午重　下午病重，属阴证。

二马良　重揉二马，以愈为止，此穴大热去寒。

兼六腑　兼推六腑，以清热解毒。

立消亡　分清阳证、阴证，如法推之，病可治愈。

分男女　遵古之言，当分男女。

左右手　男用左手，女用右手。

男六腑　男用左手六腑穴向下推，称退下六腑。

女三关　女用右手三关穴向下推，为凉。

此二穴　男左六腑、女右三关二穴，推法一下一上正相反。

俱属凉　俱属凉穴，故去病相同。

男女逆　男女不同，所以左右手的取穴相反。

左右详　男用左手六腑穴向下推，女用右手三关穴向上推，必须详记清楚。

脱肛者　肛门脱出是因脾肺气虚，元气不足，阴寒凝滞所致。

肺虚恙　肺与大肠相表里，肺虚即气虚，气虚下陷而致肛门脱出。

补脾土　五行之中土生金，故脾为肺之母，脾虚不能生肺金，推补脾使脾气旺则肺气足。

二马良　二马穴大补元气，专治阴寒而补肾水，故下寒能解。

补肾水　补肾水能生肝木而不克脾土，脾土健则肺金生。

推大肠　大肠谓为肺之腑，肺虚大肠不能升提而滑脱，推大肠治本腑之病。

来回推　来回推大肠穴，有固大肠、利小便、和血顺气之功。

久去恙　脱肛病程较长，推拿时间应长，病才能治愈。

或疹痘　疹指麻疹，痘指天花。

肿脖项　疹痘之毒结于项间。

仍照上　仍按照瘟疫结于项的治法推之，男推左六腑，女推右三关，当分阴阳虚实。

午后恙　根据子时、午时前后的病情变化，辨别阴证或阳证。

诸疮肿　一切疮疡肿毒之证，都有阴阳之分，治法不同，阳证用清法，阴证用补法。

照此详　必须按照昼夜子午时的病情变化，辨明阴证、阳证，依法推之。

虚喘嗽　此为肾虚咳嗽，肺脾亦虚，出现气短喘促，咳声无力，痰白清稀，自汗怕冷。

二马良　肾虚下元必寒，重用二马补肾阳、壮命火，功同八味地黄丸。

兼清肺　肺虚则气逆喘咳，清肺可降气平喘。

兼脾良　脾虚则痰湿内生，补脾就是补肺，为培土生金之法。因此在揉二马的同时，兼用补脾。

小便闭　小便癃闭，排尿困难，是因肾阳虚衰、膀胱气化无力所致。

清膀胱　清膀胱可开郁化气利尿。

补肾水　补肾可滋阴温阳，通窍利尿。

清小肠　小肠主化物而分清泌浊，大小便异常与小肠有关，清小肠可利小便，加强排尿功能。

食指侧　食指外侧为大肠穴，大肠主传送糟粕，是排出粪便的通路。

推大肠　推大肠，用清补法。

尤来回　饮食物经过胃的腐熟，传入小肠，通过泌别清浊的进一步消化吸收，渣滓传入大肠，水液渗入膀胱，来回推，能分清泌浊。

轻重当　推拿手法应轻重适当，用力匀称。

倘生疮　若身上生疮。

辨阴阳　必须辨明是阴证、阳证。

阴者补　若下午至夜间疼痛重者为阴证，用补法治之。

阳清当　若拂晓至上午疼痛重者为阳证，当用清法治之。

紫陷阴　凡疮色白而平塌或紫而陷者，为阴证。

红高阳　疮色红而高肿烦痛者，为阳证。

虚歉者　虚歉冷寒者，阴毒盛不能外越。

先补强　以先补为佳，使邪外出，不留于内。

诸疮症　疮类属纯阴或半阴证者。

兼清良　均应先补，补后兼用清法，使阴邪消除。

疮初起　疮的初起不分阴阳，都是气血瘀滞。

揉患上　重揉疮顶之上，不怕碗大之疮。

左右揉　向左旋揉100次，再向右旋揉100次，平均揉之，揉到皮肤无疮肿之形，不必拘泥定数。

立消亡　疮顶硬肿立刻消失（若疮已成脓或脓血盛者，不可揉推）。

胸膈闷　肝在膈下，肺在膈上，胸肺相连，五脏之气不调，出现胸膈满闷。

八卦详　运八卦能调和五脏之气。

男女逆　凡运八卦，男女逆运之。

运八卦　男自左手乾卦起，按顺时针方向运至兑卦止为一运；女右手卦位相反，自乾兑止，按逆时针方向推运，称为逆运。

离宫轻　离宫属火，推时宜轻按，心火不可动。

痰壅喘　痰涎壅滞，气血不和则病喘。

横纹上　重揉四横纹，和血顺气可止喘。

左右揉　左右揉数相等，因气血不可偏，古书分左右四六之数揉之。

久去恙　凡虚证日久，不能很快治愈，须多推久推，才可奏效。

治歉证　气亏为歉，血亏为痨，虽不嗽也为痨症。

并痨症　痨伤指五脏劳损所致的五劳病，与歉症并见。

歉弱者　歉症多为气亏血弱力不足。

气血伤　气亏作冷，血亏作热。

辨此症　辨气血之症，要看脉准不准，并望其形体。

在衣裳　看病人穿衣多少，即可辨之。

人着袷　人皆穿着夹衣。

伊着棉　病人穿着棉衣仍觉寒冷，为气亏阳虚，阳是外寒，所以怕冷。

亦咳嗽　伴咳嗽不止，伤于痨症，又名歉痨，是气血双亏引起。

名七伤　这种病是七情所伤，不可不辨。

补要多　歉症多有内伤，是因七情劳倦、饮食饥饱、房事不节所伤，必须多补。

清少良　以补多清少为佳。

人穿袷　健康人穿夹衣时。

他穿单　病人穿单衣还觉得烦热。

名五痨　咳嗽无时，名为五痨，是血亏不能制气。

肾水伤　水亏不能制火，故热而冷，此是肾阴亏虚所致的阴虚火旺证。

分何脏　痨有五种：心痨、肝痨、脾痨、肺痨、肾痨，必须辨明病在何脏，为哪种痨证。

清补良　多清少补，切合病情。

在学者　必须认真学习。

细心详　细心诊察病情，辨证取穴，认真施治，无不生效。

眼翻者　肝开窍于目，肝风内动出现两眼窜视、斜视或直视，常见于急慢惊风等。

上下僵　目睛向上下左右斜视或直视转动不活。

揉二马　揉二马穴，大补肾中水火，有滋阴潜阳之功。

捣天心　捣小天心穴，此穴在手掌坎宫穴下。

翻上者　两眼上视，眼球上翻。

捣下良　向下捣小天心。

翻下者　两眼下视，眼球翻下。

捣上强　向上捣小天心。

左捣右　眼球向左翻，向右捣之。

右捣左　眼球向右翻，向左捣之；若对眼，向两旁捣之。

阳池穴　阳池穴属阳，在手背面手腕下约1寸（小儿约2寸）的前臂凹陷中。

头痛良　头痛者，取阳池穴左右揉之，以愈为止。

风头痛　因外感风寒引起两太阳穴痛者。

蜂入洞　食、中两指入鼻孔。

左右旋　左右旋转不必拘数。

立无恙　可祛风寒，立刻去病。

天河水　天河水穴通心、膻中，舌为心之苗，若心火旺盛，此穴能清心火。

口生疮　心脾为母子关系，口生疮多因心脾蕴热，推天河水可清热泻火。

遍身热　脾生肉，心生火，手心热脾火旺，应清补脾、清天河水主之。

多推良　凡有效之穴，多推为好。

中气风　皆因内伤而外感风邪，气虚痰生。

男女逆　逆推，男推右手，女推左手。

右六腑　右手六腑穴属热，去风开郁化痰。

男用良　男推此穴，立刻见效，愈后不复发。

左三关　左手三关穴属热，去风开郁化痰，但必须逆用。

女用强　女用左三关有效，治此病男女逆用，方有良效。

独穴疗　凡言独穴，不可用二穴，用则有害，互相牵制。

数三万　用独穴必须推的时间长，少则不验，但不必拘泥三万数。

多穴推　若病情复杂，必须采用多穴，分清主穴配穴，恰当配伍。

约三万　治缓症推拿时间要长，并非一次而愈。

遵此法　诸病遵此推法。

无不良　诸症无不见效，不可妄自更改穴位。

遍身潮　遍身潮热而皮肤不滑润，是汗脉未动。

分阴阳　以两大拇指，从掌根向两旁分推，为分手阴阳，能分寒热，平气血。

拿列缺　列缺穴在掌根腕两侧的凹陷处，用拇、食两指相对用力拿之。

汗出良　汗出即愈。

五经穴　即五指根纹来回推之，开脏腑寒火。

肚胀良　治腹胀便结效佳。

水入土　运水入土自小指根向坎宫推之，土者指脾胃，水者指肾水。

不化谷　五谷不化推运水入土，补脾土虚弱。

土入水　运土入水自大指根向坎宫推之。

肝木旺　脾胃的纳运之功与肝气疏泄有关，若肝木旺，必克脾胃，运土入水可疏肝健脾止泻。

外劳宫　外劳宫穴属热，能去风寒冷气。

左右揉　屈小指左右旋转揉之，无偏为要。

久揉良　重揉不计次数，以愈为止。

嘴唇裂　口唇属脾，唇裂、唇肿、唇痛，口外生疮。

脾火伤　因脾火太盛而致。

眼胞肿　上眼皮属脾，下眼皮属胃。

脾胃恙　眼胞肿皆因脾胃火盛。眼胞肿虽属脾胃之火，但有寒热虚实之分，外因与风湿有关，内因与肝肾有关。

清补脾　以上病症非寒即热，非实即虚。应先辨明寒热虚实，再确定清补之法。

俱去恙　辨证施治，均可治愈。

向内补　向内推为补脾，治虚证。

向外清　向外推为清脾，治实证。

来回推　来回推则和血顺气，虚实皆治。

清补双　来回推为清补脾，为平补平泻之法，治虚证、实证或虚实夹杂证皆可，故称双治。

天门口　指天门入虎口穴，大指内侧向下推之。

顺气血　可顺气和血。

五指节　此穴属肝经，可调和气血，舒筋活络，诸穴推毕，必节节掐之，以提高疗效。

惊吓伤　小儿惊吓，伤于肝胆，肝旺克脾出现吐泻。

不计次　推拿五指节穴，不必计算次数和操作顺序。

揉必良　治惊吓、痞积，或在左，或在右。

时摄良　每日按时推拿，则气消滞化。

一百日　坚持推100天。

即无恙　就能治好病。

上有火　上有火者，下焦必寒。

下有寒　下有寒者，上焦有火。

外劳宫　外劳宫在手背中心，与手心相对。此穴大热，能去寒风冷气。

下寒良　外劳宫为暖穴，善治下寒。

六腑穴　左手六腑，穴性大凉，可解大热，去寒火。

去火良　上火下寒，必须兼推此穴。

左三关　左手三关，穴性大热，培补元气，治表虚自汗、盗汗。

去寒恙　推上三关为补，解上焦之寒。

右六腑　右手六腑，穴性大热，善治寒火，女用相宜。

亦去恙　亦去上焦之寒。

虚补母　虚则补其母，如肾为肝之母，肝虚不直接补肝，可补肾，即滋水涵木。

实泻子　实则泻其子，如心为肝之子，肝实不直接泻肝，可泻心火。

曰五行　按照五行学说，用五行配五脏来说明人体生理、病理及其与外在环境的相互关系，从而辨证施治。

生克当　五行的相生相克是按一定规律进行的。正常情况下，五行相生是肾水生肝木，肝木生心火，心火生脾土，脾土生肺金，肺金生肾水；五行相克是肾水克心火，心火克肺金，肺金克肝木，肝木克脾土，脾土克肾水，五脏相互资生，又相互制约，维持着人体的正常生理活动。

生我母　生我者为母，例如水生木，肾为肝之母，肾水充足，能涵养肝木，使肝柔不燥，功能正常。

我生子　我生者为子。例如肝为肾之子，若肾阴不足、水不涵木，必肝阳上亢，此为母病及子（在五行之中，每一行都具有“生我”、“我生”的两方面关系，所以五行相生关系，又称母子关系）。

穴不误　掌握住五行生中有克、克中有生的规律，治病取穴，自会不误。

治无恙　只要辨证准确，取穴精当，病可治愈。

古推书　在前人的推拿书上所定的穴位。

身首足　大多分布在头、躯干和四肢，适合男用，女子不便用。

执治婴　而且书中大多是记载治疗婴儿的推拿法。

无老方　却无治老人之方。

皆气血　人身皆为气血。

何两样　不应该有男女老幼之分。

数多寡　根据病人的年龄，决定推数的多少。

轻重当　手法轻重得当。

吾载穴　我记载的穴位。

不相商　与前人不同，主张独穴疗病，推数要多，经验多次，确有良效。

少老女　不论老少男女。

无不当　均可用推拿治病。

遵古推　若遵照古书推法。

男女分　男女分推左右手。

俱左手　我主张都推拿左手。

男女同　男女推拿方法一致，作用相同。

予尝试　我曾经尝试过。

并去恙　男女俱推左手，一样能治愈疾病。

凡学者　凡是立志学习推拿的人。

意会方　应当潜心研究，领会书中要旨，则变化无穷。

加减推　治病取穴，当加则加，当减则减，以明辨寒热虚实最为重要。

身歉壮　根据体质强弱、气血盛衰、病之轻重决定推数多少，不能千篇一律。

病新久　病有新久、轻重之分，看准为要。

细思想　要仔细考虑，认真辨证。

推应症　推拿取穴与症相符，方可得效。

无苦恙　推拿无痛苦，去病保安康。

参考文献

1. 李燕宁，杨配力，于海燕. 小儿推拿的学术争鸣. 中医文献杂志，2008，26（1）：28-31.

2. 金义成. 海派儿科推拿. 上海：上海科学技术出版社，2010.

3. 佘建华. 小儿推拿. 第2版. 北京：人民卫生出版社，2010.